课本里的作家

# 课本里的作家

## 向着乐园前进

郭沫若 / 著

小学语文同步阅读
五年级
彩插精读版

山东教育出版社
·济南·

图书在版编目（CIP）数据

向着乐园前进/郭沫若著．— 济南：山东教育出
版社，2023.3（2023.4 重印）
（爱阅读·课本里的作家）
ISBN 978-7-5701-2476-3

Ⅰ．①向… Ⅱ．①郭… Ⅲ．①阅读课—小学—教学参
考资料 Ⅳ．①G624.233

中国版本图书馆 CIP 数据核字（2022）第 255233 号

XIANG ZHE LEYUAN QIANJIN

**向着乐园前进**

郭沫若　著

———————————————————————————

主管单位：山东出版传媒股份有限公司
出版发行：山东教育出版社
　　　　　地址：济南市市中区二环南路 2066 号 4 区 1 号　邮编：250003
　　　　　电话：（0531）82092600　　　　网址：www.sjs.com.cn
印　　刷：天津泰宇印务有限公司
版　　次：2023 年 3 月第 1 版
印　　次：2023 年 4 月第 2 次印刷
开　　本：700 mm×1000 mm　1/16
印　　张：12
字　　数：145 千
定　　价：35.80 元

———————————————————————————

（如印装质量有问题，请与印刷厂联系调换）
印厂电话：022-29649190

秋天到来，蝴蝶已经死了的时候，你的碧叶要翻成金黄，而且又会飞出满园的蝴蝶。

秦淮河畔

　　我是第一次看见了秦淮河。河面并不宽，对岸也有人家，想来威尼斯的河也不过如此吧。河水呈着黝黑的颜色，似乎有些腥味。但我也并没有起什么幻灭的感觉。

天空一片灰暗，没有丝毫的日光。

海水的蓝色浓得惊人，舐岸的微波吐出群鱼喋嗡的声韵。

这是暴风雨欲来时的先兆。

海中的岛屿和乌木的雕刻一样静凝着了。

我携着中食的饭匣向沙岸上走来，在一只泊系着的渔舟里面坐着。

水墨画

竹阴读画

竹丛甚为稠密，家屋由外面几乎不能看出。走入竹丛后照例有一带广场，是晒稻子的地方，横长而纵狭。屋颇简陋并已朽败。背着金刚坡的山脉，面临着广场，好像是受尽了折磨的一位老人一样。

这一次他们在重庆开始第一次的大规模的公演，而所演的《乐园进行曲》，事实上就是以他们为粉本而写出来的戏剧。现在都由他们自己把他们的生活搬上了舞台，真正是所谓"现身说法"。我相信是一定可以收到莫大的成功的。

向着乐园前进

小麻猫

但人们喜欢过望，特别地爱抚它。我呢？我是把几十年来对猫厌恶的心理，完全克服了。

我感觉着，我深切的感觉着：我接触着了自然的最美的一面。

# 总序

　　北京书香文雅图书文化有限公司的李继勇先生与我联系，说他们策划了一套《爱阅读·课本里的作家》丛书，读者对象主要是中小学生，可以作为学生的课外阅读用书，希望我写篇序。作为一名语文教育工作者，在中共中央办公厅、国务院办公厅印发《关于进一步减轻义务教育阶段学生作业负担和校外培训负担的意见》（以下简称"双减"）的大背景下，为学生推荐这套优秀课外读物责无旁贷，也更有意义。

## 一、"双减"以后怎么办？

　　"双减"政策对义务教育阶段学生的作业和校外培训作出严格规定。我认为这是一件好事。曾几何时，我们的中小学生作业负担重，不少学生不是在各种各样的培训班里，就是在去培训班的路上。学生"学"无宁日，备尝艰辛；家长们焦虑不安，苦不堪言。校外培训机构为了增强吸引力，到处挖掘优秀教师资源，有些老师受利益驱使，不能安心从教。他们的行为破坏了教育生态，违背了教育规律，严重影响了我国教育改革发展。教育是什么？教育是唤醒，是点燃，是激发。而校外培训的噱头仅仅是提高考试成绩，让学生在中高考中占得先机。他们的广告词是"提高一分，干掉千人"，大肆渲染"分数为王"，在这种压力之下，学生面对的是"分萧萧兮题海寒"，不得不深陷题海，机械刷题。假如只有一部分学生上培训班，提高的可能是分数。但是，如果大多数学生或者所有学生都去上培训班，那提高的就不是分数，而只是分数线。教育的根本任务是立德树人，是培根铸魂，是启智增慧，是让学生的德智体美劳全面发展，是培养社会主义建设者和接班人，是为中华民族伟大复兴提供人才，而不是培养只会考试的"机器"，更不能被资本所"绑架"。所以中央才"出重拳""放实招"，目的就是要减轻学生过重的课业负担，减轻家长过重的经济和精神负担。

　　"双减"政策出台后，学生们一片欢呼，再也不用在各种培训班之间来回奔波了，但家长产生了新的焦虑：孩子学习成绩怎么办？而对学校老师来说，这是一个新挑战、新任务，当然也是新机遇。学生在校时间增加，要求老师提升教学水平，科学合理布置作业，同时开展课外延伸服务，事实上是老师陪伴学生的时间增加了。这部分在校时间怎么安排？如何让学生利用好课外时间？这一切考验着老师们的智慧。而开展各种课外活动正好可以解决这个难题。比如：热爱人文的，可以开展阅读写作、演讲辩论，学习传统文化和民风民俗等社团活动；喜爱数理的，可以组织科普科幻、实验研究、统计测量、天文观测等兴趣小组；也可以开展体育比赛、艺术体验（音乐、美术、书法、戏剧……）和劳动教育等实践活动。当然，所有的活动都应以培养学生的兴趣爱好为目的，以自愿参加为前提。学校开展课后服务，可以多方面拓展资源，比如博物馆、图书馆、科技馆、陈列馆、少年宫、青少年活动中心，甚至校外培训机构的优质服务资源，还可组织征文比赛、志愿服务、社会调查等，助力学生全面发展。

## 二、课外阅读新机遇

近年来，新课标、新教材、新高考成为语文教育改革的热词。我曾经看到一个视频，说语文在中高考中的地位提高了，难度也加大了。这种说法有一定道理，但并不准确。说它有一定道理，是因为语文能力主要指一个人的阅读和写作能力，而阅读和写作能力又是一个人综合素养的体现。语文能力强，有助于学习别的学科。比如数学、物理中的应用题；如果阅读能力上不去，读不懂题干，便不能准确把握解题要领，也就没法准确答题；英语中的英译汉、汉译英题更是考查学生的语言表达能力；历史题和政治题往往是给一段材料，让学生去分析、判断，得出结论，并表述自己的观点或看法。从这点来说，语文在中高考中的地位提高有一定道理。说它不准确，有两个方面的理由：一是语文学科本来就重要，不是现在才变得重要，之所以产生这种错觉，是因为在应试教育的背景下，语文的重要性被弱化了；二是语文考试的难度并没有增加，增加的只是阅读思维的宽度和广度，考查的是阅读理解、信息筛选、应用写作、语言表达、批判性思维、辩证思维等关键能力。可以说，真正的素质教育必须重视语文，因为语文是工具，是基础。不少家长和教师认为课外阅读浪费学习时间，这主要是教育观念问题。他们之所以有这种想法，无非是认为考试才是最终目的，希望孩子可以把更多时间用在刷题上。他们只看到课标和教材的变化，以为考试还是过去那一套，其实，考试评价已发生深刻变革。目前，考试评价改革与新课标、新教材改革是同向同行的，都是围绕立德树人做文章。中共中央、国务院印发的《深化新时代教育评价改革总体方案》明确指出："稳步推进中高考改革，构建引导学生德智体美劳全面发展的考试内容体系，改变相对固化的试题形式，增强试题开放性，减少死记硬背和'机械刷题'现象。"显然就是要用中高考"指挥棒"引领素质教育。新高考招生录取强调"两依据，一参考"，即以高考成绩和高中学业水平考试成绩为依据，以综合素质评价为参考。这也就是说，高考成绩不再是高校选拔新生的唯一标准，不只看谁考的分数高，而是看谁更有发展潜力、更有创造性，综合素质更高，从而实现由"招分"向"招人"的转变。而这绝不是仅凭一张高考试卷能够区分出来的，"机械刷题"无助于全面发展，必须在课内学习的基础上，辅之以内容广泛的课外阅读，才能全面提高综合素养。

### 三、"爱阅读"助力成长

这套《爱阅读·课本里的作家》丛书是为中小学生读者量身打造的，符合《义务教育语文课程标准》倡导的"好读书、读好书、读整本的书"的课改理念，可以作为学生课内学习的有益补充。我一向认为，要学好语文，一要读好三本书，二要写好两篇文，三要养成四个好习惯。三本书指"有字之书""无字之书""心灵之书"，两篇文指"规矩文"和"放胆文"，四个好习惯指享受阅读的习惯、善于思考的习惯、乐于表达的习惯和自主学习的习惯。古人说"读万卷书，行万里路"，实际上就是要处理好读书与实践的关系。对于中小学生来说，读书首先是读好"有字之书"。"有字之书"，有课本，有课外自读课本，还有"爱阅读"这样的课外读物。读书时我们不能眉毛胡子一把抓，要区分不同的书，采取不同的读法。一般说来，读法有精读，有略读。精读需要字斟句酌，需要咬文嚼字，但费时费力。当然也不是所有的书都需要精读，可以根据自己的需要决定精读还是略读。新课标提倡中小学生进行整本书阅读，但是学生往往不能耐着性子读完一整本书。新课标提倡的整本书阅读，主要是针对过去的单篇教学来说的，并不是说每本书都要从头读到尾。教材设计的练习项目也是有弹性的、可选择的，不可能有统一的"阅读计划"。我的建议是，整本书阅读应把精读、略读与浏览结合起来，精读重在示范，略读重在博览，浏览略观大意即可，三者相辅相成，不宜偏于一隅。不仅如此，学生还可以把阅读与写作、读书与实践、课内与课外结合起来。整本书阅读重在掌握阅读方法，拓展阅读视野，培养读书兴趣，养成阅读习惯。

再说写好两篇文。学生读得多了，素养提高了，自然有话想说，有自己的观点和看法要发表。发表的形式可以是口头的，也可以是书面的，书面表达就是写作。写好两篇文，一篇规矩文，一篇放胆文。规矩文重打基础，放胆文更见才气。规矩文要求练好写作基本功，包括审题、立意、选材、构思等，同时还要掌握记叙文、议论文、说明文、应用文的基本要领和写作规范。规矩文的写作要在教师的指导下进行。放胆文则鼓励学生放飞自我、大胆想象，各呈创意、各展所长，尤其是展现自己的写作能力、语言表达能力、批判性思维能力和辩证思维能力。放胆文的写作可以多种多样，除了大作文，也可以写小作文。有兴趣的学生还可以进行文学创作，写诗歌、小说、散文、剧本等。

学习语文还要养成四个好习惯。第一，享受阅读的习惯。爱阅读非常重要，每个同学都应该有自己的个性化书单。有的同学喜欢网络小说也没有关系，但需要防止沉迷其中，钻进"死胡同"。这套《爱阅读·课本里的作家》丛书，给中小学生课外阅读提供了大量古今中外的名家名作。第二，善于思考的习惯。在这个大众创业、万众创新的时代，创新人才的标准，已不再是把已有的知识烂熟于心，而是能够独立思考，敢于质疑，能够自己去发现问题、提出问题和解决问题，需要具有探究质疑能力、独立思考能力、批判性思维和辩证思维能力。第三，乐于表达的习惯。表达的乐趣在于说或写的过程，这个过程比说得好、写得完美更重要。写作形式可以不拘一格，比如作文、日记、笔记、随笔、漫画等。第四，自主学习的习惯。我的地盘我做主，我的语文我做主。不是为老师学，也不是为父母长辈学，而是为自己的精神成长学，为自己的未来学。

愿广大中小学生能借助这套《爱阅读·课本里的作家》丛书，真正爱上阅读，插上想象的翅膀，飞向未来的广阔天地！

石之川

# 目录

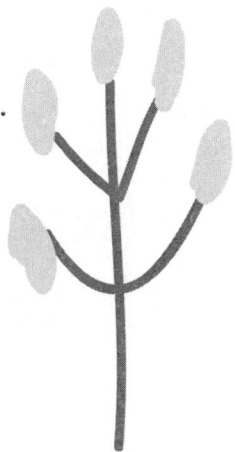

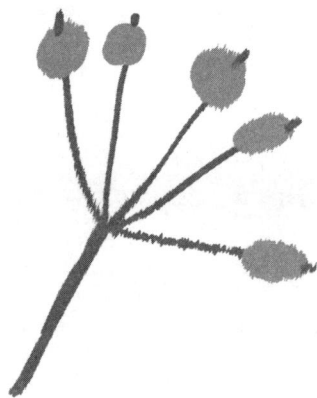

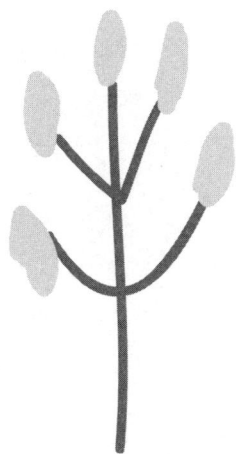

我爱读课文

原文赏读

# 白 鹭

**体 裁：**散文

**作 者：**郭沫若

**创作时间：**现代

**作品出处：**部编版语文五年级（上册）

**内容简介：**《白鹭》是一篇寓情于物的散文。课文描写了白鹭的外形和它觅食、飞行、栖息时的美，表达了作者对白鹭的喜爱和赞美之情。

/////////////// 读前导航 ///////////////

## 阅读准备

　　郭沫若是一位忠诚的爱国者，爱国是他的人生准则，也是他文学创作的内在动力，是他散文所要表达的主题。郭沫若认为，作品的创作离不开夸张、幻想、虚构、想象这四大要素。他认为艺术想象是散文、小说、诗歌、戏剧等所有文体都必须具备的因素，只有展开大胆的想象，才能使其展现出独有的风格。郭沫若的散文既有豪放派的气势浩荡，又有婉约派的清丽缠绵，虽然在取材和写法上各有不同的特色，但其总的风格依然是作者那种一以贯之的豪迈奔放的情怀，与其新诗创作相通，无拘无束、自由活泼。

## 目标我知道

| 学习目标 | 会写"宜、鹤、嫌、朱"等生字<br>会认"鹭、黛、嗜"等生字<br>背诵课文，积累喜欢的段落<br>朗读课文，谈谈你可以从哪些地方感受到"白鹭是一首精巧的诗" |
|---|---|
| 学习重点 | 通过关键语句，体会作者对白鹭的情感 |
| 学习难点 | 作者是如何将自己的情感融入对白鹭的描写之中的 |

/////////////// 精彩赏读 ///////////////

## 课本原文

### 白 鹭

① 白鹭是一首精巧的诗。

【第一部分（①段）：全文的总起句。以"精巧的诗"比喻白鹭的美。】

② 色素的配合，身段的大小，一切都很适宜。

③ 白鹤太大而嫌生硬，即使如粉红的朱鹭或灰色的苍鹭，也觉得大了一些，而且太不寻常了。[1]

④ 然而白鹭却因为它的常见，而被人忘却了它的美。

【精巧】（技术、器物构造等）精细巧妙。

【素】本色，白色。

【生硬】不柔和，不细致。

[1] 对比。将白鹭与白鹤、朱鹭、苍鹭进行对比，突出白鹭外形的玲珑精致。

[1]作者连用四个"那"字，从蓑毛、流线型结构、喙、脚四个方面描绘出了白鹭的外形美。

⑤ 那雪白的蓑毛，那全身的流线型结构，那铁色的长喙，那青色的脚，增之一分则嫌长，减之一分则嫌短，素之一忽则嫌白，黛之一忽则嫌黑。[1]

⑥ 在清水田里，时有一只两只白鹭站着钓鱼，整个的田便成了一幅嵌在玻璃框里的画。田的大小好像是有心人为白鹭设计的镜匣。

⑦ 晴天的清晨，每每看见它孤独地站立于小树的绝顶，看来像是不安稳，而它却很悠然。这是别的鸟很难表现的一种嗜好。人们说它是在望哨，可它真是在望哨吗？

⑧ 黄昏的空中偶见白鹭的低飞，更是乡居生活中的一种恩惠。那是清澄的形象化，而且具有生命了。

【第二部分（②—⑧段）：具体描写白鹭的美。】

[2]首尾呼应。这一句是作者发自内心的赞叹，回应开篇，进一步表明白鹭蕴含着一种"骨子里的"美。

⑨ 或许有人会感到美中不足，白鹭不会唱歌。但是白鹭本身不就是一首很优美的歌吗？

⑩ ——不，歌未免太铿锵了。

⑪ 白鹭实在是一首诗，一首韵在骨子里的散文诗。[2]

【第三部分（⑨—⑪段）：与第一部分首尾呼应，抒发了作者对白鹭所蕴含的美的赞叹。】

**作品赏析**

罗丹说："美是到处都有的，对于我们的眼睛，不是缺少美，而是缺少发现。"郭沫若的《白鹭》让我们发现了白鹭的自然之美，也让我们感受到了郭沫若的语言之美。

本文作者将自己的感情融入对白鹭的描写中，抒情含蓄，描写意境优美。不仅抓住了事物的特点进行描写，以表达事物的独特之美，而且对事物的描写细腻，注意细节刻画，让真情在字里行间自然流露。

/////////// 积累与表达 ///////////

字词我来记

## 会写的字

| yí 宜 | 部首 | 笔画 | 结构 | 造字 | 组词 |
|---|---|---|---|---|---|
| | 宀 | 8 | 上下 | 会意 | 适宜　事不宜迟 |
| | 辨字 | 谊（友谊　深情厚谊）　宣（宣讲　宣布） | | | |
| 字义 | 1.合适。2.应当（多用于否定式）。 | | | | |
| 造句 | 事不宜迟，大家马上分头行动。 | | | | |

| hè 鹤 | 部首 | 笔画 | 结构 | 造字 | 组词 |
|---|---|---|---|---|---|
| | 鸟 | 15 | 左右 | 形声 | 白鹤　鹤立鸡群 |
| | 辨字 | 鹳（白鹳　鹳雀楼）　鸽（鸽子　和平鸽） | | | |
| 字义 | 鸟，头小颈长，嘴长而直，脚细长，后趾小，高于前三趾，羽毛白色或灰色，群居或双栖，常在河边或沼泽地带捕食鱼和昆虫。种类很多，常见的有丹顶鹤、白鹤、灰鹤等。 | | | | |
| 造句 | 他的书法作品在同龄人中鹤立鸡群。 | | | | |

| xián 嫌 | 部首 | 笔画 | 结构 | 造字 | 组词 |
|---|---|---|---|---|---|
| | 女 | 13 | 左右 | 形声 | 嫌弃　避嫌 |
| | 辨字 | 谦（谦虚　谦谦君子）　歉（道歉　抱歉） | | | |
| 字义 | 1.厌恶；不满意。2.嫌怨。3.嫌疑。 | | | | |
| 造句 | 我们要帮助学习差的同学，不能嫌弃他们。 | | | | |

| zhū | 部首 | 笔画 | 结构 | 造字 | 组词 |
|---|---|---|---|---|---|
| 朱 | 丿 | 6 | 独体 | 指事 | 朱红　朱砂 |
| | 辨字 | 未（未来　未成年）　珠（珍珠　珠宝） ||||
| 字义 | 1.朱红。2.朱砂。 |||||
| 造句 | 他们家把大门刷成了朱红色。 |||||

## 会认的字

| lù | 组词 |
|---|---|
| 鹭 | 白鹭<br>苍鹭 |

| dài | 组词 |
|---|---|
| 黛 | 粉黛<br>黛绿 |

| shì | 组词 |
|---|---|
| 嗜 | 嗜好<br>嗜睡 |

## 多音字

散 ┌ sǎn（散文）（散漫）
　 └ sàn（散会）（散心）

**辨析：** 表示"由聚集而分离""排遣，排除"时，读 sàn，如：散步、散会；表示"无约束；不密集；松开""零碎的；不集中的"时，读 sǎn，如散漫、散文。

**字歌：**

散（sàn）步广场边，散（sǎn）文读两篇。

秧歌散（sàn）场了，人群已疏散（sàn）。

## 近义词

精巧—精妙　　　　适宜—合适　　　　悠然—悠闲
恩惠—恩德　　　　安稳—沉稳　　　　孤独—孤单

## 反义词

安稳—动荡　　　　恩惠—仇恨　　　　悠然—忙乱

美中不足—十全十美

## 日 积 月 累

1.那雪白的蓑毛，那全身的流线型结构，那铁色的长喙，那青色的脚，增之一分则嫌长，减之一分则嫌短，素之一忽则嫌白，黛之一忽则嫌黑。

2.在清水田里，时有一只两只白鹭站着钓鱼，整个的田便成了一幅嵌在玻璃框里的画。田的大小好像是有心人为白鹭设计的镜匣。

3.白鹭实在是一首诗，一首韵在骨子里的散文诗。

## 读 后 感 想

### 读《白鹭》有感

白鹭，一种普普通通的鸟，经过郭沫若寥寥数笔的描摹，显得那么动人，那么栩栩如生。《白鹭》这首"韵在骨子里的散文诗"，没有华丽迷人的词藻，没有浓妆艳抹的渲染，是那么朴素无华，但它让我们感受到平常事物中蕴含的美！

这只从郭沫若笔下飞来的白鹭，给了我们多少启示啊！

作者开篇便把白鹭比作一首诗，优美而富有意境，更何况这还是一首精巧的诗呢！它已经在你心中播下了一颗美的种子，而我们正在等着它发芽，成长，开出美丽的花来。

作者先是将白鹭同白鹤、朱鹭、苍鹭对比，彰显了白鹭"全身的流线型结构"。这就突出了白鹭具有一种无与伦比的独特的美，颇有点儿"百鸟之中我为首"的意思了。不是吗？文中的"增一点儿则嫌长，减一点儿则嫌短；素一点儿则嫌白，深一点儿则嫌黑"似曾相识，让我想起《登徒子好色赋》中的"增之一分则太长，减之一分则太短；著粉则太白，敷朱则太赤"。这是诗人朱云对绝代佳人的描述，却让作者恰到好处地嫁接到白鹭身上。这真让人惊叹白鹭的独特之美！结尾之处，作者又将白鹭具体化为"散文诗"，与开篇呼应的同时赞颂了白鹭如散文诗一般的美。

**精彩语句**

1. 韵在骨子里的散文诗。

"韵在骨子里的散文诗"中的"韵"的意思是情趣风韵的意思，表现了白鹭从骨子里透露出来的优雅美丽、朴实无华，表达了诗人对白鹭的喜爱之情。

2.《登徒子好色赋》中的"增之一分则太长，减之一分则太短；著粉则太白，敷朱则太赤"。

这里引用《登徒子好色赋》中的句子，映衬出白鹭的生态特征，赞扬了白鹭蕴含的内在美。

**妙笔生花**

读过郭沫若的这篇《白鹭》，你学会如何优美、生动地写物了吗？你喜欢什么动物？了解过哪些动物？写一写吧。

_____

_____

_____

_____

_____

_____

/////////////////////// 知识乐园 ///////////////////////

**一、比一比，再组词。**

宜（　　　）
宣（　　　）

鹤（　　　）
鹳（　　　）

嫌（　　　）
谦（　　　）

嵌（　　　）
崩（　　　）

**二、选字填空。**

素　　减　　黛　　增

那雪白的蓑毛，那全身的流线型结构，那铁色的长喙，那青色的脚，_____之一分则嫌长，_____之一分则嫌短，_____之一忽则嫌白，_____之一忽则嫌黑。

**三、用"精"字组词完成词语搭配。**

例：（精巧）的诗

（　　　）的装备　　　　　（　　　）的包装

（　　　）的花纹　　　　　（　　　）的工艺品

**四、按要求完成句子练习。**

1. 白鹭是一首精巧的诗。（仿写比喻句）

_____是_____。

2. 白鹭不会唱歌，但是白鹭本身不就是一首很优美的歌吗？（改为陈述句）

_____。

五、在学习过《白鹭》这篇课文后，试着自己再搜集一些关于白鹭的介绍和资料，写一篇关于白鹭的文章吧！

_____

_____

_____

_____

_____

_____

_____

_____

作家经典作品

自主阅读

# 银 杏

银杏，我思念你，我不知道你为什么又叫公孙树。但一般人叫你是白果，那是容易了解的。

我知道，你的特征并不专在乎你有这和杏相仿佛的果实，核皮是纯白如银，核仁是富于营养——这不用说已经就足以为你的特征了。

但一般人并不知道你是有花植物中最古的先进，你的花粉和胚珠具有动物般的形态，你是完全由人力保存了下来的奇珍。

自然界中已经是不能有你的存在了，但你依然挺立着，在太空中高唱着人间胜利的凯歌。

你这东方的圣者，你这中国人文的有生命的纪念塔，你是只有中国才有呀，一般人似乎也并不知道。

我到过日本，日本也有你，但你分明是日本的华侨，你侨居在日本大约已有中国的文化侨居在日本的那样久远了吧。

你是真应该称为中国的国树的呀，我是喜欢你，我特别喜欢你。

但也并不是因为你是中国的特产，我才特别喜欢，是因为你美，你真，你善。

你的株干是多么的端直，你的枝条是多么的蓬勃，你那折扇形的叶片是多么的青翠，多么的莹洁，多么的精巧呀！

在暑天你为多少的庙宇戴上了巍峨的云冠，你也为多少的劳苦人撑出了清凉的华盖。

梧桐虽有你的端直而没有你的坚牢。

白杨虽有你的葱茏而没有你的庄重。

熏风会妩媚你，群鸟时来为你欢歌；天帝百神——假如是有天帝百神，我相信每当皓月当空，他们会在你脚下来聚会。

秋天到来，蝴蝶已经死了的时候，你的碧叶要翻成金黄，而且又会飞出满园的蝴蝶。

你不是一位巧妙的魔术师吗？但你丝毫也没有令人掩鼻的那种江湖气息。

当你那解脱了一切，你那槎枒的枝干挺撑在天空中的时候，你对于寒风霜雪毫不避易。

那是多么嶙峋而又洒脱呀，恐怕自有佛法以来再也不曾产生过像你这样的高僧。

你没有丝毫依阿取容的姿态，而你也并不荒伧；你的美德像音乐一样洋溢八荒，但你也并不骄傲；你的名讳似乎就是"超然"，你超在乎一切的草木之上，你超在乎一切之上，但你并不隐遁。

你的果实不是可以滋养人，你的木质不是坚实的器材，就是你的落叶不也是绝好的引火的燃料吗？

可是我真有点奇怪了，奇怪的是中国人似乎都忘记了你，而且忘记得很久远，似乎是从古以来。

我在中国的经典中找不出你的名字，我很少看到中国的诗人咏赞你的诗，也很少看到中国的画家描写你的画。

这究竟是怎么一回事呀，你是随中国文化以俱来的亘古的证人，你不也是以为奇怪吗？

银杏，中国人是忘记了你呀，大家虽然都在吃你的白果，都喜欢吃你的白果，但的确是忘记了你呀。

世间上也尽有不辨菽麦的人，但把你忘记得这样普遍，这样久远的例子，从来也不曾有过。

真的啦，陪都不是首善之区吗？但我就很少看见你的影子；为什么遍街都是洋槐，满园都是幽加里树呢？

我是怎样的思念你呀，银杏！我可希望你不要把中国忘记吧。

这事情是有点危险的，我怕你一不高兴，会从中国的地面上隐遁下去。

在中国的领空中会永远听不着你赞美生命的欢歌。

银杏，我真希望呀，希望中国人单为能更多吃你的白果，总有能更加爱慕你的一天。

1942 年 5 月 23 日

# 长沙哟，再见！

春天渐渐苏醒了。

在长沙不知不觉地便滞留了二十二天，认识了不少的友人，吃过了不少的凉薯，游过了三次岳麓山，在渐渐地知道了长沙的好处、不想离开的时候，偏在今天我便要和长沙离别了。

古人说，长沙乃卑湿之地。不错，从岳麓山俯瞰的时候，长沙的确是卑。在街上没有太阳而且下雨的时候，长沙的确是湿。但我在长沙滞留了的这二十二天，却是晴天多雨天少，长沙所给予我的印象，并不怎么忧郁。

可不是吗？那平淡而有疏落之趣的水陆洲，怕是长沙的最好的特征吧。无论从湘水两岸平看，无论从岳麓山顶俯瞰，那横在湘水中的一只长艇，特别令人醒目。清寒的水汽，萧疏的落木，淡淡地点缀着，"潇湘"二字中所含的雅趣，俨然为它所独占了。或者也怕是时季使然吧。假使是在春夏两季之交，绿叶成荫的时候，或许感触又有两样吧。

春天渐渐苏醒了，在渐渐知道了长沙的好处、不想离开的时候，偏在今晚就要离开长沙。

但我在离开长沙之前，却有一个类似无情的告别。

我此去是往武汉的，虽然相隔并不远，但我在最近的时期之内却希望不要再到长沙。

　　我希望我在年内能够到南京、上海，或者杭州，或者是济南，或者是北平。能够离开长沙愈远便愈好。

　　待到国难解除了，假使自己尚未成为炮灰，我一定要再到长沙来多吃凉薯。率性就卜居在我所喜欢的水陆洲，怕也是人生的大幸事吧。

　　春天渐渐苏醒了，我同南来的燕子一样，又要飞向北边。

　　长沙哟，再见！

1938 年 2 月 28 日在警报中草此

# 南京哟，再见！

清早起来检点行李，乃超和我各自流了一身大汗。

我们空起身子到南京来，哪里会钻出来行李呢？那是翦伯赞和杜守素的书籍，托人从重庆运到了南京，现在我们又受委托，要由南京运往上海。杜老两件，翦老一件。

杜老的两件实在把我们难为着了。一件是竹篾包，用极细的棕绳，单线地捆成原稿用纸形式。另一件是破旧的洋铁皮公文箱，也只将就着箱上的细棕绊绳随便拴扎了一下。这怎样能够上火车呢？经不得两提两掷便要完全垮掉。时间也来不及了，另行包装固然不可能，就要再买绳子来加上也没有那样的余裕。怎么办呢？留下，等下一次的机会吗？

但是，我们要代替杜老，多谢翦老。

翦老的一件，那老实的程度可以说是处在另一端的地极。本来是皮箱，外面还有布套。布套外面，两头又都捆扎着极老实的麻绳。对不住，翦老，我们只好把你的麻绳偷用了。

把两条麻绳解下来，绑在杜老行李上，于是问题便得到解决。

汗水流了，心里正感觉着愉快。就在这感觉着愉快的时候，周公突然走进我们的房间里来了，接着又是李维汉、范长江。他们是来送行的，这样浓厚的情谊使我吃了一惊。

"哦，这么早？"吃惊发出了声来。

"我们昨晚一夜都没有睡。"

我明白了，今天不是说"苏北难民"要示威游行吗？为了预防万一，有些重要的东西当然不能不检点。今天的梅园新村必然是演的"空城计"吧？

要说话都感觉着是多余的，然而也没有多谈话的机会了。参政会的汽车夫也来了。我们便立即动身。

周公们把我们送到旅馆门口，用力地握了手，大家都意味深长地说了一声"保重"。我们上了车，车子也就开动了。

南京城依然和七天前初来时那样，白眼地看着我们来，又白眼地看着我们去。

到了下关车站，人是相当嘈杂的。乃超把几件大行李带去打行李票，我站在车站的当中守着几件小行李。

不期然地碰着李仲公和他的夫人，他们是要往苏州去的，也在守着小行李等行李票。

这位北伐时代的老朋友，当时的国民革命军总司令部的秘书长，现处在赋闲的境遇。他的身体不大好，把南京城里的一座公馆卖掉了，要移家到苏州去养病。

这突然的邂逅，打破了我的孤独感，就好像在黑夜的海洋里望见了一只同样在海上行船的桅灯。但没有好一会，仲公的行李票打好了，他们便先进月台里去了。

行李票打好了的人都匆匆忙忙地赶进月台，嘈杂的车站上疏疏落落地没有剩下多少人了。乃超进了票房之后，老是不见转来。行李的检查显然是很严格的，我老远望见有好几名宪兵在那儿监视着，有的更亲手翻箱倒箧地检查，就好像通过国境时税关上的人怕人漏税的那样。

等得焦躁来做伴了。它向我说，怕会赶脱火车吧。焦躁也等得不耐烦，又各自走了，接着来的是无可奈何的镇定。第一趟赶脱就赶第二趟吧，走不成，索性留在南京，倒也可以再看热闹。

心境一镇定，思虑苏活了起来，有了些回旋的余地了。

首先想到的，是企图发现几位"苏北难民"。无疑，在车站上一定是有好些"难民"英雄的，但却辨别不出谁就是谁。英雄们或许已经集中到别的地方，准备游行去了吧。

这儿在三天前正是大打出手的地方，而今天却是太平无事了。三天前的血迹什么也看不出。究竟代表和记者们是在什么地方挨的打呢？人可以怀疑根本不曾有过那件事。

忽然觉悟到一个真理。大家都在渴望和平，就好像和平已经飞到天外去了。人民代表来为的是找回它，美国的五星元帅来帮忙找了半年，我这一次来也糊里糊涂地摸索了七天，然而和平不就在眼前吗？没有大打出手的人就是和平了！这是多么简单的一个真理！

中国的轨道，摆在眼面前的就只有这么两条：一条是消灭大打出手的人，另一条是实现民主政治。不照着这样做，一切的一切都是轨外行动，那必然要闹出乱子。

火车出了轨，唯一的步骤自然就是把它搬上轨道来。这一工作或许也并不是那么简单的。但我敢于相信，顶多让"英雄"们再扰攘几年吧，迂回曲折或甚至头破血流的结果，终归于走上消灭大打出手和实现民主政治的两条轨道……

乃超到头也把行李票打来了，他连连地说："好不麻烦！好不麻烦！"

我们也就只好埋着头，喘着气，提着小行李，匆匆忙忙地赶进月台，幸好火车还没有跑掉。

头等车里面已经坐满了人，而且还有站着的。我发现车厢的右前隅有两列座位空在那儿。

那儿为什么不好去坐？"那是宪兵座位呢！"乃超告诉了我。我才看见窗棂上果然有"宪兵座"几个红字。这对于我倒是一个新鲜的东西。这在战前没有看见过，在国外也没有看见过，无疑是可以称为新国粹了。

只好站着。但不一会开车的哨子响了，车上又下去了好些送客的人。于是我们两个人又才隔离着找到了两个座位。李仲公夫妇却不在这个车厢里。

火车毕竟在轨道上跑起来了，轨外的一切无情地被留在我们的后面。

中国的前途，我相信就是这样。

"南京哟，再见！"

# 秦淮河畔

在夫子庙的一家老式的菜馆里，座场在店后，有栏杆一道俯临秦淮河畔。

黄任老、梁漱溟、罗隆基、张申府都先到了，还有几位民盟的朋友。他们对于我这位不速之客开始都有些轻微的诧异，但经我要求也参加做东之后，却都欢迎我作一个陪客。我自己觉得有点难乎为情，又怕人多，坐不下，告退了几次，但都被挽留着。自己也就半分地泰然下去。

我是第一次看见了秦淮河。河面并不宽，对岸也有人家，想来威尼斯的河也不过如此吧。河水呈着黝黑的颜色，似乎有些腥味。但我也并没有起什么幻灭的感觉。因为我早就知道，秦淮河是淤塞了，对于它没有幻想，当然也就没有幻灭。河上也有一些游艇，和玄武湖的艇子差不多，但有些很明显的是所谓画舫，漂浮着李香君、葛嫩娘们的瘦影。

任老在纸条上写出了一首诗，他拿给我看。那是一首七律，题名叫着《吾心》。

老叩吾心矩或违？十年只共忆无衣。
立身那许人推挽，铄口宁愁众是非？

渊静被殴鱼忍逝？巢空犹恋燕知归。

谁仁谁暴诚堪问，何地西山许采薇？

（标点系笔者后加，第七句下三字恐略有记误。）

任老没有加上什么说明，我也没有提出什么探询，但我感觉着我对于这诗好像是很能够了解。

任老将近七十了，是优入圣域的"从心所悦不逾矩"的年龄，因而他唯恐有间或逾矩的危险。

十年抗战，共赋无衣，敌忾同仇，卒致胜利，而今却成为追忆了。团结生出裂痕，敌忾是对着自己，抚今思昔，能不怅惘？十年本不算短，然因此却嫌太不长了。

世间竟有这样的流言散布：当局将以教育部长一席倚重任老，用以分化民盟。因而，众口铄金，一般爱戴任老的人也每窃窃私议，认为任老或许可能动摇。这诗的颈联似乎是对于这种流言和私议的答复。我记起了当年的袁世凯似乎也曾以教育部长之职网罗任老，任老却没有入奸雄的彀中。

心境无疑是寂寞的，但也在彷徨。在政治协商会议开会的期中，任老的住宅曾被军警无理搜查过。这样被殴入渊的鱼，虽欲逝而实犹不忍。回到自己的岗位上去吧，职业教育运动是抛荒了。这芜旷了的岗位值得留恋，就跟春来的紫燕一样回到自己的空巢去吧？

义利之辨不能容你有丝毫的夹杂。孰仁孰暴，对立分明，而两者之中不能有中立的余地。像伯夷、叔齐那样，既不赞成殷纣王，又不赞成周武王，那种洁身自好的态度似乎是无法维持的。"何地西山许采薇？"是想去采薇呢？还是不想去呢？还是想而不能去呢？

耐人寻味。

凭着栏杆，吟味着诗中的含义，在我自己的心中逐句替它作着注解，但我没有说出口来。诗是见仁见智的东西，尤其是旧诗。这些解释或许不一定就是诗人的原意，正确的解释要看诗人自己的行动了。

起初很想和韵一首，在心里略略酝酿了一下，结果作了罢。

无端地想起了熙宁罢相后，隐居钟山的王荆公，不知道他的遗址还可有些什么存在？

在中国历史上，尽管受着时代的限制，却能够替老百姓作想的执政者，恐怕就只有一位王荆公（王安石）吧？王荆公的政策也不过想控制一下豪强兼并者的土地财富，使贫苦的老百姓少受些剥削，多吃两碗白米饭而已。然而天下的士大夫骚然了。这一骚然竟骚然了一千年，不仅使王荆公的事业功败垂成，连他的心事也整整受了一千年的冤屈。做人固不容易，知人也一样困难。这是农民与地主之间的类似宿命的斗争。地主生活和地主意识不化除，王安石是得不到真正了解的。在今天差不多人人都可以喊出"耕者有其田"的口号了，有的已在主张"战士授田"，然而假使你是地主，要你把自己的田拿出几亩来交给耕者或战士，看你怎么样？王安石已经寂寞了一千年，孙中山也快要寂寞到一世纪，遍地都是司马光、程明道，真正替老百姓设想而且做事的人，恐怕还须得寂寞一个时会的。

客人陆续地来了，黄延芳、盛丕华、包达三、胡子婴、罗淑章，还有两位我不知道姓名的。人太多，已经超过了十二位。梁漱溟先行告退了。我自己又开始感觉着未免冒昧，泰然的二分之一又减去了二分之一。

　　蒉延老比任老要小几岁，但他们似乎是竹马之交。他爱用家庭的韵事来和任老开玩笑，有时竟把任老的脸都说红了。他也相当兴奋，为了不关事件说过好些慷慨激昂的话，又说任老是他所最佩服的人，任老的话就是他的"上谕"。

　　"郭先生、罗先生，蒉老念念不忘的是昨晚上我们到医院的访问：你们要交朋友吗，罗？任老是顶够朋友的，我老蒉也是顶够朋友的。"

　　任老把蒉延老和我的手拉拢来，说："好的，你们做朋友。"

　　我只客气地说："我把你们两位当成老师。

　　——周恩来是值得佩服的啦，我感谢他，他昨晚上送的牛奶，我吃了两杯啦。

　　——任老，你这样穷的时候，还拿钱来请客，我心里难过。将来回到上海的时候啦，我要还席，就在我家里啦。任老，就请你约同郭先生、罗先生、章先生等诸位先生……"

　　上了席后，差不多还是蒉延老一个人在说话。

　　任老对我说，他不是单纯的商人，他对于教育很有贡献。假使谁有子弟的话，他所创办的位育中学是值得推荐的。你可以安心把子弟寄托在那儿，断不会教育成为坏人。

　　这话令我回想到我自己的孩子。在上海的，还小，在日本的，一时还不能回国。我问有没有小学部？据说没有。要把自己的子弟教育成为一个不坏的人，实在是今天每一个人的切身问题。伪善者滔滔皆是，尽力在把别人的子弟豢养成鹰犬或者奴才。实在是伤心惨目！

　　秦淮河里面忽然有歌吹声沸腾起来。我的耳朵听不清楚是什么内容。想来大约也不外是小调或平剧之类吧。

有一位朋友嫌其嘈杂，加了一句厌恶的批评。但黄老却满不在乎地说："这蛮有意思嘛！"

是的，我也感觉着应该蛮有意思。在我脑子里忽然又闪出了一个想念：在十年或二十年之后，这秦淮河的水必然是清洁的，歌声可能要更加激越，但已经不是"人肉"市场了。

这是我对秦淮河的另一种幻想，但我不相信它会幻灭。人民得到翻身的一天，人民的力量是可以随处创造奇迹的。

"这蛮有意思嘛！"

我渴望着：在十年或二十年之后再游那样的秦淮河，而任老、黄老和列位诸老，也都还健在。

# 重庆值得留恋

在重庆足足待了六年半，差不多天天都在诅咒重庆，人人都在诅咒重庆，到了今天好些人要离开重庆了，重庆似乎又值得留恋起来。

我们诅咒重庆的崎岖，高低不平，一天不知道要爬几次坡，下几次坎，真是该死。然而沉心一想，中国的都市里面还有像重庆这样，更能表示出人力的伟大的吗？完全靠人力把一簇山陵铲成了一座相当近代化的都市。这首先就值得我们来作为精神上的鼓励。逼得你不能不走路，逼得你不能不流点小汗，这于你的身体锻炼上，怕至少有了些超乎自觉的效能吧？

我们诅咒重庆的雾，一年之中有半年见不到太阳，对于紫外线的享受真是一件无可偿补的缺陷。是的，这雾真是可恶！不过，恐怕还是精神上的雾罩得我们更厉害些，因而增加了我们对于"雾重庆"的憎恨吧。假使没有那种雾上的雾，重庆的雾实在有值得人赞美的地方。战时尽了消极防空的责任且不用说，你请在雾中看看四面的江山胜景吧。那实在是有形容不出的美妙。不是江南不是塞北，而是真真正正的重庆。

我们诅咒重庆的炎热，重庆没有春天，雾季一过便是火热地狱。热、热、热，似乎超过了热带地方的热。头被热得发昏了，脑浆似乎都在沸腾。真的吗？真有那样厉害吗？为什么不曾听说有人热死？

仔细想起来，这重庆的大陆性的炎热，实在是热得干脆，一点都不讲价钱，说热就是热。这倒是反市侩主义的重庆精神，应该以百分之百的热诚来加以赞扬的。

广柑那么多，蔬菜那么丰富，东西南北四郊都有温泉，水陆空的交通四通八达，假使人人都有点相当的自由，不受限制的自由，这么好的一座重庆，真可以称为地上乐园了。

当然，重庆也有它特别令人讨厌的地方，它有那些比老鼠更多的特种老鼠。那些家伙在今后一段相当时期内，恐怕还要更加跳梁吧。假如沧白堂和校场口的石子没有再落到自己身上的份时，想到尚在重庆的战友们，谁能不对于重庆更加留恋？

1946 年 4 月 25 日

# 峨眉山下

我的故乡是在峨眉山下，离嘉定城有七十五里路。大渡河从西南流来，在峨眉山的第二峰和第三峰之间打了一个大湾，又折而向东北流去。因此我的家所在地，就名叫沙湾。地在山与水之间，太阳是从大渡河的东岸出土，向峨眉山的背后落下去。

山很高，除掉时为浓雾所隐藏，或冬天来，很早就戴上雪帽之外，一片青苍，没有多么大的变化。

水流虽然比起上游来已经从群山之中解放了，但依然相当湍游，因此颇有放纵不羁之概。河面相当辽阔，每每有大小的洲屿，戴着新生的杂木。春夏虽然青翠，入了冬季便成为疏落的寒林。水色，除夏季洪水期呈出红色之外，是浓厚的天青。远近的滩声不断地唱和着。

外边去的人每每称赞这儿的风景很好。有山有水，而且规模宏大，胜过江南。论道理是该有它的好处，但不知怎的，我自己并不感觉着它的美。这或许是太习惯了的缘故吧？我从十三岁下乐山城读书为止，每天朝夕和它相对。足足十三年，怕因此使我生出了感觉上的麻木吧？

真的，就是现在，我对于它也没有留恋。旧时代的思乡情绪，在我是完全枯涸了。或许是不应该，但我不想掩饰。倒是乐山城的风物，多少还有使我留恋的地方，那便是乌尤山附近和那对岸的大坝。

其所以使我留恋者倒并不因为故，而是因为新。

我在乐山城住小学、中学，一共住了四年，奇妙的是和城仅隔一衣带水的乌尤山，我却一次也不曾去过。

乐山城本身并没有什么好处。虽然王渔洋说过"天下之山水在蜀，蜀之山水在嘉州"，但这所说的应该不是指的城的本身吧。

大渡河和南下的岷江在城的东北隅合流而东行，和城相对的北岸有凌云山、乌尤山、马鞍山，鳞次而立，与西南面的峨眉三峰遥遥相对。在凌云山上有唐代韦皋镇蜀时海通和尚所凿成的与山等高的石佛，临江而坐。山顶又有苏东坡的读书楼。因此这个地方一向便成为骚人墨客所好游的名地。

乌尤山本名乌牛山，以山木葱茏、青翠之极有类于乌，而形则似牛，故名乌牛。一说秦时蜀郡太守李冰所凿离堆即此。它是与岸隔绝了的一座孤耸的岛屿。由乌牛而乌尤，是王渔洋使它雅化了的。山上有乌尤寺，有汉代郭舍人注《尔雅》处的尔雅台。论山境的清幽，乌尤实在凌云之上。

奇怪的是我在乐山读书的四年间，正是我十三岁至十六七岁好游的少年时期，我虽然常常往游凌云，而却不曾去乌尤一次。游乌尤，是在抗战期中回乡，离开了故乡二十六年后的一九三〇年。凌云是彻底俗化，而且颓废了。石佛化了装，一个面孔被石灰涂补得不成名器。东坡楼住着些散兵游勇。洗砚池是一池的杂草。但乌尤山却给予了我新鲜的感触。毫无疑问，是要感谢我是第一次的来游。

乌尤寺同样带着浓厚的俗气，并不佳妙。但山的本身好，树木好，山道好。尔雅台在危崖头，下临大江，在林深箐密中只能听得下面的滩声，而看不出流水，那也恰到好处。我就喜欢这些。晚间或凌晨，在那山下浮舟，有一种清森的净趣，也很值得玩味。

王渔洋所赏识的应该是这些地方吧？只有这些还使我有些系念。

那山对岸的胡家坝，一片空阔也令人有心胸开朗之感。但这情趣也是我在一九四〇年回乐山时才领略了的，学生时代也不曾前去玩味过。

假使要把范围放宽些，乐山城也应该可以说是我的故乡，但不应该得很，我对于它怎么也引不起我的怀乡病了。是我自己的感情枯涸了吗？还是时代使然呢？

峨眉山对我倒还保持着它的神秘性，我虽然在那山下活了十几年，但不曾上过山去。因此它的好处，实在我也不知道。专为好奇心所驱遣，如有机会去游游金顶，我倒也并不反对。峨眉山之于我，也仿佛泰山之于我一样了。

1946 年 12 月 22 日

# 飞雪崖

重九已经过去了足足七天，绵延了半个月的秋霖，今天算确实晴定了。

阳光发射着新鲜的诱惑力，似乎在对人说："把你们的脑细胞，也翻箱倒筬地，拿出来晒晒吧，快发霉了。"

文委会留乡的朋友们，有一部分还有登高的佳兴，约我去游飞雪崖，但因我脚生湿气，行路不自由，便替我雇了一乘滑竿，真是很可感激的事，虽然也有些难乎为情。

同行者二十余人，士女相偕，少长咸集，大家的姿态都显得秋高气爽，真是很难得的日子呵，何况又是星期！

想起了煤烟与雾气所涵浸着的山城中的朋友们。朋友们，我们当然仅有咫尺之隔，但至少在今天却处的是两个世界。你们也有愿意到飞雪崖去的吗？我甘愿为你们做个向导啦。

你们请趁早搭乘成渝公路的汽车。汽车经过老鹰崖的盘旋，再翻下金刚坡的曲折，从山城出发后，要不到两个钟头的光景，便可以到达赖家桥。在这儿，请下车，沿着一条在田畴中流泻着的小河向下游走去。只消说要到土主场，沿途有不少朴实的农人，便会为你们指示路径的。

走得八九里路的光景便要到达一个乡镇，可有三四百户人家。假使是逢着集期，人是摩肩接踵，比重庆还要热闹。假使不是，尤其在目前天气好的日子，那就苍蝇多过于人了。这是一切乡镇所通有的现象，倒不仅限于这儿，但这儿就是土主场了。

到了这儿，穿过场，还得朝西北走去。平坦的石板路，蜿蜒得三四里的光景，便引到一条相当壮丽的高滩桥，所谓高滩就是飞雪崖的俗名了。

桥下小河阔可五丈，也就是赖家桥下的那条小河，这河同乡下人一样是没有名字的。河水并不清洁，有时完全是泥水，但奇异的是，小河经过高滩桥后，河床纯是一片岩石，因此河水也就顿然显得清洁了起来。

更奇异的是，岩石的河床过桥可有千步左右突然热切地断折，上层的河床和下层相差至四五丈。河水由四五丈高的上层，形成抛物线倾泻而下，飞沫四溅，惊雷远震，在水大的时候，的确是一个壮观，这便是所谓飞雪崖了。

到了高滩桥，大抵是沿着河的左岸再走到这飞雪崖。岸侧有曲折的小径走下水边，几条飞奔的瀑布，一个沸腾着的深潭，两岸及溪中巨石磊磊，嶙峋历落，可供人伫立眺望。唯伫立过久，水沫湿衣，虽烈日当空，亦犹零雨其蒙也。

河床断面并不整齐，靠近左岸处有岩石突出，颇类龙头，水量遍汇于此，为岩头析裂，分崩而下，譬之龙涎，特过猛烈。断床之下及左侧岩岸均洼入成一大岩穴，俨如整个河流乃一宏大爬虫，张其巨口。口中乱石如齿，沿绕齿床，可潜过水帘渡至彼岸，苔多石滑，真如在活物口中潜行，稍一不慎，便至失足。

右岸颇多乱草，受水气润泽，特为滋荣。岩头有清代及南宋人的题壁。喜欢访古的人，仅这南宋人的题壁，或许已足诱发游兴了吧。

我们一群，在午前十时左右，也走到了这儿。在我要算是第五次来游了。虽久雨新晴，但雨量不多，因而水量也不甚大，在水帘后潜渡时遂无多大险恶。是抗战的恩惠，使我们在赖家桥的附近住上了四个夏天和秋天，而我是每年都要来游一次，去年还是来过两次的，可每次来都感觉着就和新来的一样。

我记得第一次来的时候便看到清代的一位翰林李为栋所做的《飞雪崖赋》，赋文相当绮丽，是他的学生们所代题代刊在岩壁上的，上石的时期是乾隆五年。当年曾经有一书院在这侧近，现在是连废址都不可考了。李翰林掌教于此，对这飞雪崖极其心醉。赋文过长，字有残泐，赋首有序，其文云：

崖去渝郡六十里，相传太白、东坡皆题诗崖间，风雨残蚀，泯然无存。明巡按詹公朝用，阁部王公飞熊，里中人也。凿九曲池，修九层阁，极一时之盛游。而披读残碣，无一留题……

的确，九曲池的遗迹是还存在，就在那河床上层的正中，在断折处与高滩桥之间，其形颇类亚字而较复杂。周围有础穴残存，大约就是九层阁的遗址吧。

但谓"披读残碣，无一留题"，却是出人意料。就在那《飞雪崖赋》的更上一层，我在第二次去游览的时候，就发现了两则南宋人的留题。一题"淳熙八年正月廿七日"，署名处有"李沂"字样。这一则的右下隅新近修一观音龛，善男信女们的捐款题名把岩石剜去了一大半，遂使全文不能属读，但残文里面有"曲水流觞"及"西南夷侵边"字样。上层河床的亚字形九曲池，是不是明人所凿，便成问题了。另一则，文亦残泐，然其大半以上尚能属读：

（飞）雪崖自二冯而后，未有名胜之（游），（蜀）难以来，罕修禊事之典。（大帅）余公镇蜀之九年，岁淳祐辛亥，太（平）有像，民物熙然。灯前三日，何东叔，（季）和，侯彦正，会亲朋，集少长。而游（其）下。酒酣笔纵，摩崖大书，以识岁月……

末尾尚有两三行之谱，仅有字画残余，无法辨认。考"淳祐辛亥"

乃南宋理宗淳祐十一年（公元一二五一年），所谓"余公镇蜀"者，系指当时四川制置使兼知重庆府事之余玠。余玠字义夫，蕲州人，《宋史》中有传。蕲州者，今之湖北蕲春县。余玠治蜀，大有作为，合川之钓鱼城，即其所筑。当时蒙古势力已异常庞大，南宋岌岌乎其危，而川局赖以粗安。游飞雪崖者谓为"太平有象，民物熙然"，足征人民爱戴之殷。乃余玠本人即于辛亥后两年（宝祐元年癸丑）受谗被调，六月仰毒而死，史称"蜀之人莫不悲慕如失父母"，盖有以也。

这两则南宋题壁，颇可宝贵，手中无《重庆府志》，不知道是否曾经著录，所谓"二冯"亦不知何许人。在乾隆初年做《飞雪崖赋》的翰林对此已不经意，大约是未经著录的吧。我很想把它们捶拓下来，但可惜没有这样的方便。再隔一些年辰，即使不被风雨剥蚀，也要被善男信女们刬除干净了。

在题壁下流连了好一会，同行的三十余人，士女长幼，都渡过了岸来，正想要踏寻归路了，有人兴致勃勃地对我说："下面不远还有一段很平静的水面，和这儿的情景完全不同。值得去看看。"

我几次来游都不曾往下游去过，这一新的劝诱，虽然两只脚有些反对的意思，结果是把它们镇压了。

沿着右岸再往下走，有时路径中断，向草间或番薯地段踏去，路随溪转，飞泉于瞬息之间已不可见。前面果然展开出一片极平静的水面，清洁可鉴，略泛涟漪，淡淡秋阳，爱抚其上。水中岩床有一尺见方的孔穴二十八个，整齐排列，间隔尺余，直达对岸，盖旧时堰砌之废址。农人三五，点缀岸头，毫无惊扰地手把锄犁，从事耘植。

溪面复将曲折处，左右各控水碾一座，作业有声。水被堰截，河床裸出。践石而过，不湿步履。

一中年妇人，头蒙白花蓝布巾，手捧番薯一篮，由左岸的碾坊中走出，踏阶而下，步至河心，就岩隙流溅洗刷番薯。见之颇动食兴。

"早晓得有这样清静的地方，应该带些食物来在这儿'辟克涅克'了。"我正对着并肩而行的这样说。高原已走近妇人身边，似曾略作数语，一个洗干净了的番薯，慷慨地被授予在了她的手中。高原断发垂肩，下着阴丹布工装裤，上着白色绒线短衣，两相对照，颇似画图。

过溪，走进了左岸的碾坊。由石阶而上，穿过一层楼房，再由石阶而下便到了水磨所在的地方。碾的是麦面。下面的水伞和上面的磨石都运转得相当纤徐。有一位朋友说："这水力怕只有一个马力。"

立着看了一会，又由原道折回右岸。是应该赶回土主场吃中饭的时候了，但大家都不免有些依依的留恋。

"两岸的树木可惜太少。"

"地方也太偏僻了。"

"假使再和陪都接近得一点，更加些人工的培植，那一定是大有可观的。"

"四年前政治部有一位秘书，山东人姓高的，平常最喜欢屈原，就在五月端午那一天，在飞雪岩下淹死了。"

"那真是'山东屈原'啦！"

大家哄笑了起来：因为同行中有山东诗人臧云远，平时是被朋侪间戏称为"山东屈原"的。

"这儿比歇马场的飞泉如何？"

"水量不敌，下游远胜。"

一片的笑语声在飞泉的伴奏中唱和着。

路由田畴中经过，荞麦正开着花，青豆时见残株，农人们多在收获番薯。

皓皓的秋阳使全身的脉络都透着新鲜的暖意了。

1942 年 10 月 25 日夜

# 追怀博多

日本的几座国立大学，以成立的早晚来说，九州帝大（简称"九大"）算是第三位，但以正式毕业的中国同学的数目来说，九大怕要算是第一位了。

九大在九州岛的博多湾上，气候很暖和，樱花之类比东京、西京要早开一个月。那平如明镜的博多湾，被一条极细长的土股——海中道，与外海相间隔，就像一个大湖。沿岸除去一带福冈市的市廛之外，有莹洁的白砂，青翠的十里松原，风景颇不恶。

这儿是元兵征日本时的古战场。日本沿海每当夏秋之际必有飓风，平时平静如砥的博多湾，届时亦轩然大波，如同鼎沸。元兵适于此时征倭，泊舟博多湾，遂致全师覆没。岸头战垒尚有留存之处。

离福冈不远有太宰府，名见中国史乘，即因元兵东征而得名。颇多梅花，乃一游览胜地。

大约就因为有这些好处，所以中国留学生进九大的特别多吧？我自己便是因为有元时战迹而选入九大的。

我本来学的是医科，医科在各科中年限最长，我前后在福冈住了五年。医科虽然毕了业，但终竟跑到文学的道路上来了。所以致此的原因，我的听觉不敏固然是一个，但博多的风光富有诗味，怕是更重要的一个吧。

在学生时代对着博多湾时常发些诗思，我的《女神》和《星空》

两个集子，都是在博多湾上写的。在用白话写诗之外，也写过一些文言诗，录一首以志慨。

博多湾水碧琉璃，
银帆片片随风飞。
愿作舟中人，
载酒醉明晖。

1942 年 12 月 6 日

# 忆成都

离开成都竟已经三十年了。民国二年（公元 1913 年）便离开了它，一直到现在都还不曾和它见面。但它留在我的记忆里，觉得比我的故乡乐山还要亲切。

在成都虽然读过四年书，成都的好处我并不十分知道，我也没有什么难忘的回忆留在那儿，但不知怎的总觉得它值得我怀念。

回到四川来也已经五年了，论道理应该去去成都，但一直都还没有去的机会。我实在也是有些踌躇。

三年前我回过乐山，乐山是变了，特别是幼年时认为美丽的地方变得十分丑陋。凌云山的俗化，苏子楼的颓废，高标山的荒芜，简直是不堪设想了。

美的观感在我自己不用说是已经有了很大的变迁，客观的事物经过了二三十年自然也是要发生变化的。二三十年前的少女不是都已经成了半老的徐娘了吗？

成都，我想，一定也变了。草堂寺的幽邃，武侯祠的肃穆，浣花溪的潇洒，望江楼的清旷，大率都已经变了，毫不容情地变了。

变是当然的，已经三十年了，即使是金石也不得不变。更何况这三十年是变化最剧烈而无轨道的一世！旧的颓废了，新的正待建设。在民族的新的美感尚未树立的今天，和谐还是观念中的产物。

但成都实在是值得我怀念，我正因为怀念它，所以我踌躇着不想去见它，虽然我也很想去看看抚琴台下的古墓，望望江楼畔的石牛。

对于新成都的实现我既无涓滴可以寄予，暂时把成都留在怀念里，在我是更加饶于回味的事。

1943 年 2 月 13 日

# "七七"第一周年在武汉

"七七"第一周年在武汉的时候，应该是抗战期中的最高潮的时期。那个时期是最值得纪念的，然而我的记忆已经模糊了。

那时候也是文化人所集中着的第三厅的全盛时期，蒋介石发了一万五千元的特别费给第三厅，要第三厅负责主持，开一个大规模的纪念大会。大会似乎连续了三天，阳翰笙、张季龙、田寿昌，洪浅哉及其他列诸兄，集中了精力来从事筹备、布置、推动，的确是纪念得轰轰烈烈的。

一切计划都是三厅同仁们拟就的，其中有一项是慰劳献金，在汉口设献金台三座，武昌、汉阳各一座，此外还有几座流动献金台，是利用卡车的装置，向武汉三镇流动劝募的。当这项计划，由我向当时的政治部部长陈诚当面提出的时候，陈诚坚决认为是毫无把握的办法，他要我们中止这项献金的节目。但已经是纪念的前夜，一切计划都已经公布出去，各处的献金台也都已经搭盖好了，要中止实在是不可能的。陈诚于是为了免得一无所获的难看，他批发了一万元交由政治部职员及干训团团员，集体献金以示表率。这用意固然是很周到的。然而等到献金一旦实际开始的时候，一切的情形完全打破了我们的预测。

踊跃啊！踊跃！外币、法币、银货、铜货、汇票、支票、金表、银表、白金戒指、黄金戒指、金耳环、银耳环、金手镯、银手镯、银盾、银杯、银壶、衣履、物品……如潮水一样涌到献金台。黄包车夫、码头工人、街头的流浪儿、乞丐，都尽力地奔走呼号，不仅自己捐献，还劝别人捐献。捐献的数目积少成多，反而是这些所谓下层的民众，在总的数目中占了较大的百分比。总数在一百三十万以上，这在当时是很大的一个数目，实实在在地完全为我们始料未及。

就经过了这一次的献金活动，便有了慰劳总会的组织出现。这个会在抗战初期做了不少的工作，发动有组织性的慰劳团向南北各战场劳军；大规模地自香港采办药品及交通工具，作为慰劳品及送达慰劳品之用。以仅少的费用做了相当多的事情，对于那些踊跃捐献的同胞们，可以说没有辜负他们的厚谊。

像这样的献金的办法，日后沿以为例，在各种各样的机会由不同的机关不断地进行过，但出于半强迫性质的多，像"七七"第一周年那样的自发性的踊跃，似乎也就没有再见过了。

在这项事件中，我认识了人民的力量，我也认识了人民的认识。好些不相信人民的人，以为人民是不识不知的乌合之众，不能有什么了解和作为，那正足以证明事实正好相反。不相信人民的人对于人民的看法，自然也不算错：因为他们所见到的是人民的冷淡和对于他们的不合作。这事足以证明人民是有甚深刻的了解和机敏的作为。

近来我听见从武汉来的朋友说，武汉就跟死了的一样。我并不因此而悲观，武汉之死倒足以证明武汉人民是活着的。

1946 年 7 月 1 日

# 下乡去

## 一　卡车追逐

文化工作委员会被国民党勒令解散后，乡下还留下了一批朋友，想下乡去看看他们。

还是初夏，前两天的太阳突然炽烈了起来，室内的气温竟高过了九十度（华氏度，约 32 摄氏度）。

大家都在发愁，十九号准备下乡的卡车是没有篷的，在刚烈的阳光里晒两个钟头下赖家桥，恐怕谁都要晒成干鱼了。

十八号的半夜过后，闪击了一番雷电，微微洒起了雨来。风大，把开着的窗门吹打得震响，我被惊醒了。又在作别种担心，没有篷的卡车，不会淋成水老鼠么？

好在雨没有洒好一会也就住了，十九日的清早显示出是一个不晴不雨的阴凉天。

"究竟我们都是几员福将呀，天都看承啊！"我同立群走到了市民医院的门口的时候，向着已经上了车的几位朋友们，有意幽默地这样说。

车上的朋友是翰笙、乃超、海观、湘楼和其他。

两位司机同志要我坐司机台，我让立群坐立群也不坐，我们便一同爬上了车厢。

"太太愿与士卒同甘苦啦。"有人向立群调侃，颜面的动作担负了解释的任务，表明所谓"士卒"主要指的是我。

在车的前头不很远忽然发现邓初老坐在中英科学合作馆的轿形小卡车里面，他坐在车后的中门旁边靠右手的末位，侧面正当窗口，所以把他看得很清楚。

"初老，你们往哪里去呀？"

"往北碚。你们呢？"

"回赖家桥。"

"好啦，我们能同一段路。"

"你们那边还有空位子吗？好不让郭老嵌上去？"翰笙的这句话没有被初老听得清楚。

"好啦，不要麻烦人家。"我连忙制止着了。

我们的卡车先开。立在敞车上招摇过市，想起了上海战役时赴前线救护的情形。车开到李子坝附近的时候，初老他们的车子把我们超过了。彼此哗叫了一下。

有一段路我们的车子紧跟着追，有点像电影里面的侦探场面，我把右手比成手枪形，不断地向初老放射。富态的初老始终笑容满面地向着我们。

本来已经是落后的，车子在化龙桥停了一下，跑在前头的初老，永远跑上前头，看不见了。

## 二 林园访友

过了山洞，在林园前面不远，我们把车子停了下来，准备去访问李侠公。

侠公同翰笙一样是文委会的副主任委员，他在三月初回贵州奔母丧，最近才回重庆，回来时文委会早被解散了。面临着公路的一栋有楼的民房，侠公的家在那靠左的一部分。楼上楼下一共只有三间。他前年担任过陆大的政治部主任，为了和学校相近，赁居在这儿。主任解职之后，这层便宜虽然失掉了，但为迁移的困难，仍旧没有动。

向左手走上了几步石坎，侠公的大的两个小孩子在侧近玩耍，我招呼他们，他们似乎不认识我了，没有走近身来。经过一个没有墙的院落，走到楼房的屋檐下。

"侠公！在家吗？"

"哦，你们来了！"窗口上侠公露出了半个头来，惊喜地叫了一声，头又缩下去了，但有好一会没有次一动作。

一位前任勤务兵在院落里挑粪，看见我们来便火速转向屋后去了。

侠公一面扣着长袍，一面从书房门口露出，邀我们进去。

还未周岁的一位小公子坐在竹轿椅里，头很大，面色暗暮，营养不十分好。两只眼睛睁得很开，望着我们，但也并没有惊惶的意思。

"太太不在家吗？"

"唉，她刚才出去买东西去了。"

"你们搬下乡来住了？"

"不，是乃超要把他乡下的家具搬进城。我们是顺便来看看乡下的朋友们的。还有，今天中午，我们文委会的朋友们在赖家桥聚餐，你也去吧？"

"好的，我一定去。"

很朴实的那位前任勤务兵绕进书房里来准备献茶。我极力阻挡着，但也无效。来客太多，要费大量的茶水，我心里很不安，一口也没有喝。但我看见有一两位朋友却喝得很泰然。

"你所要的卢森堡的《政治经济学史》，"我忽然记起这件事又向侠公说，"我已经得到苏联朋友的回信，说一定要请对外文化协会寄赠。信上还说着'尽可能设法成功'的话，可惜我忘记把信带来。"

"那好极了，"侠公回答着，"只要有原书，我就可以完成一项翻译的工作，而且也可以顺便解决一部分的生活问题啦。"

卢森堡的三大册《政治经济学史》，侠公早已翻译了一册出版问世，但中、下二册因为没有原书，便把工作停顿了。要译完全书是一项相当大的工程，侠公有这样的雄心，我是极力怂恿他的，但可惜原书总不容易到手。

我很匆匆忙忙地催着大家走。当我们走出书房门时，侠公夫人回来了，她和立群分外地亲热。原来用了一年多的女佣人今天才走了，我想，大约是看见侠公失职，在别的地方另有了高就吧。心里不免有点黯然。

在书房旁边是食堂兼会客室，我和立群顺便穿堂而过，去看屋后因坡而成的菜圃。据说都是那位朴实的前任勤务兵亲手栽种的。

"这儿的燃料一向起恐慌，"侠公在院落里和我并排地走着，他这样说，不记得是谈到了什么话触动了这个问题，"煤也买不到，柴也买不到，我们已经向人借用了四百斤煤炭了。"

"哦？乡会不是领了些煤炭下来还堆在那里吗？今天去将就这卡车给你运些来不就好了。"

侠公听了高兴得不得了，和初看见我们来了的时候那种由衷的喜悦差不多。

## 三　白果树下

卡车在金刚坡山道上盘旋，愈接近赖家桥愈发生着好像回到了故乡的感觉。

金刚坡下的田畴坦陈着，大地在开朗地微笑。

那株高大的白果树又显出来了。那儿便是文委会的院落，它是那院落的老阍人，我真爱它，我真爱那白果树，我爱它那独立不倚、孤直挺劲的姿态，我爱它那鸭掌形的碧叶，那如夏云静涌的树冠，当然我也爱吃它那果仁。

白果树下有花园，

一群小主人。

我们大家真高兴，

有志气，有精神，

都像白果树一根。

又高大，又端正，

我们要撑到天边摩到云。

往年做的七七幼稚园的园歌应着卡车的节拍，不调和地从我嘴里哼着。

车转下平畴了。跑完了一段大抛物线形的弧道，经过了中西清真孤老院，公路平直了起来。

水牛山上的银杏亭也看见了，山上的芭蕉依然青翠，这是文委会所经营出的小公园。临着公路边上的一道园门，和门上的横额我所写的水牛山三个字，都还没有拆毁。

水牛山上有好花，
小鸟在唱歌。
我们大家真快活。
学读书，学写字，
都像水牛推磨儿。
不作声，不泄气，
我们要迈着脚步踏着地。

《七七幼稚园歌》的第二节又在我嘴里哼。卡车刹车了，已经停在了白果树下。

大家连忙跳下车。"尹家湾五十号"张着大口和我们亲吻。

宽敞的外院打扫得很干净，并不怎么显出经过了风波的样子。空气清新得很。小白花狗已经长大了。它有点儿怕我，见到我没有表示亲热的欢迎，但也没有拒绝。这是因为我向来不大喜欢狗的缘故。我愈朝前进，它愈朝后退，最后索性掉头走向远远一边去了。

西北角上的七七幼稚园早就停办了，我所写的匾额是还存在着的。推进门去，两间房间里，前间堆积着一些柴，后间是空的。壁上用有色纸剪贴的一些星星和新月，"儿童乐园"几个字还存在。窗户没有开，阴森肃杀之气在这儿特别严重。

转进西侧的内院看了一遍，再穿向东侧的内院里去。侠公、翰笙及其他几位驻乡会友在大礼堂门前站着。内院也都打扫得很干净。尤其这东内院，因为去年年底房主人庆祝七十双寿，整个黑漆了一道，又在四处加了一些匾对，很显得金黑辉煌。

办公室，除掉西厢房一间办报销的清理室外，都是空的。办公室的桌椅及一切用具已经点交，还集中封存在原作图书阅览室的一间大房里面，就在大礼堂的右手。

礼堂里，总理遗像和遗嘱都已经撤销了。两名看守家具的卫兵，摆了两尊床，在那儿昼寝。

"家具为什么还不搬去呢？"我问原任秘书何成湘，他是经常驻乡的，惰性地还以秘书的资格照顾着善后事务。

"据总务处说，还没有卡车运。"

"乐得两位卫兵，闲得没法，白天只是睡觉。"另一位朋友这样插说。

一位卫兵大概是受了惊扰，侧身起来，揉了揉眼睛，望了望我们，又躺下去了。

我在萦念着：七七幼稚园至少应该维持下去才好，小孩子们受着这样的打击，未免过于残酷。但是会被解散了，会友们自然会分散，大家的儿女也就随着散开，幼稚园的必要似乎也就没有了。

"这房子是政治部发给我们的吗？"侠公忽然这样发问。

"哪里，在文委会成立以前，我就住在这里面了。"我回答着。"房主人把整个的院子租给了我，年租两千元。"

"哦，年租？"侠公大吃一惊。"山洞的房子月租一千元，我还以为便宜得很呢。"

"但有趣的是，"另一位朋友说，"这院子政治部却打算收回，目前是'准予清理室暂住'。"

## 四 塞翁之马

散居在附近的会友和眷属，陆续都聚集来了，大家都很高兴，但男的和女的却自然分成了两组。

朝门外，白果树荫下，一段阶沿，在前本来是卫兵站岗的地方。平常一出一入，对卫兵的答礼总不免要举手或点头，而且匆匆而过。今天没有这样的麻烦了。男的一组十几个人，不期然地品排着坐在这阶沿上，面临着公路聊天。

谈谈国内，也谈谈国际；谈谈身外，也谈谈切己。

国内究竟是在进步的，"民主"这个词至少是可以不犯禁了。

"塞翁失马，安知非福"，大家目前虽然闲暇，有为的日子还在后头。

大家都在参错着谈，谈得无拘无束。

我自己痛骂了四川历史上的几位大文人，司马相如、扬雄，三苏父子。他们专门做帝王的花瓶，而三苏父子尤其是反对王安石新政的死党，可谓糊涂透顶。

有一位女同志来了，看见我们便爽朗地说："真是'无官一身轻'呵！平时谁也不会坐阶沿坎，今天大家都在这儿坐着。"

也有人说明："平时有卫兵站岗，当然不好在这儿坐。"这话微微有些抗议的性质，是说平常也很平民化，并不是因为丢掉了"官"才平民化起来的。

我忽然想起，我也曾说过这样的话："有官本不重，无官身更轻。"

卢鸿基也来了，坐着滑竿，大家都起来让了路，让滑竿一直抬进院子里去。

鸿基并不是一个人来，他是随带着了和我们争夺朋友的死敌。他的肺病发作已经三年了，一直睡在乡下静养——其实静或有之，养是说不上的。他的脸色惨白，有点浮肿。随在他身后的这个敌人在狞笑：机关裁撤了，看你这个俘虏朝哪里走？

## 五 离合欢悲

从礼堂暂时把两位卫兵老爷请了出来，设下了四张席面，坐得满满的。

厨房大司务老金的手腕真不错，今天的席面做得特别可口而又丰富。他是成都人，五十多岁了，以前来会的时候本不识字，做了四年多大司务竟然能写能读了。他是住会的，当我每年在乡下住的时候，差不多每天黄昏时候都看见他在大礼堂门前的天井里读《新华日报》。文委会虽然解散了，清理室还有几个人留着，他便不肯离开。

已经遣散了的勤务兵，凡是在附近居住的人都跑来帮忙。我失悔在初关照乡下朋友的时候，没有说多备一两席。各家的小朋友们都没有可能来，也是一件憾事，不然的话，不是还可以听听他们唱《七七幼稚园歌》和其他的儿歌吗？

大家都吃得很高兴，有酒，也划了拳，和往日一有纪念集会时的情形似乎并没有两样，但似乎也有两样。

饭用过后，多数的朋友都集中到我们的住房里闲谈。那本是外院北墙下的一座原有堆栈，坐北向南的土墙长条房子。我们把它隔成了三间，开了些窗眼，觉得也还适意，每年暑间我们都是回到这儿来住的，住到雾季的时候又搬进城去。因此所有一切动用的家具都还保存着的，但今年是不是下乡来住，却在考虑。

院子很大，做研究院倒很适宜。可惜离城太远，交通不方便，而且太孤单了。

研究院有希望吗？

很难说。要想找有财力的人资助文化事业，中国似乎还没有现代化到那步田地。即使有也不能不有所顾虑的。

鹿地研究室的山川君来了。中午的聚餐本来是邀约了他们的，也因着顾虑，没有出席。我走出门外迎接着他，他不愿久留，只站在院子里谈了一会。

他不久要同鹿地一道到昆明，是受了美军的邀请。但阻碍却很多。研究室附近，近来白天有怪人换番巡逻，甚至连夜里也有。

研究室相距不上半里路，在公路的那一边，靠近金刚坡的山麓，是我在三厅时代建立的，其后事实上隶属文委会，文委会裁并了，管理情报工作的二厅在继续照管。

白花狗走来亲近，它亲近的是山川，不是我。它是由研究室里要来的孤儿，它的母亲在去年暑天被那儿的卫兵打去吃了。

往年我只感觉着居乡有打狗棍的必要，今年我感觉着居乡有狗的必要了。

朋友们知道我有午睡的习惯，在中堂和西首书房里的人都准备告别了。卢鸿基一人坐在东边的睡房里一座藤沙发椅上。我坐在床沿上陪着他。他从西装的内衣包里取出了一张相片出来，是我五十岁分送大家的纪念品。他要我在相片上签上他的名字，我签了。他颇觉吃力地扶着杖，站了起来，眼睛里的笑发着冷光，似乎想说什么话，但终竟没有说出什么话。

朋友们照拂着他上了滑竿走了。

## 六　夜来风雨

本来打算当天就回城的，因为乃超的行李收拾费时，改在明天的清早。

侠公在我们午睡的时候，搭公路车回山洞去了。他自然是不便久留，女佣人走了，家里有三个小孩，而他又是好爸爸。

我们也收拾了一下行李，做的是留去双关的步骤。假使下乡来住，因为大的一个孩子在进小学，也要到七月初才能来，东西留着不能不加一番检点。假使不来，那就等日后有交通工具的时候方便运走。

黄昏时分，我同立群，还有其他的朋友，一道到赖家桥去散步。两位司机同志在院外调理着卡车。房主人的黄老头子就在院墙脚下的田坎督耕，那田本来是我们租用的菜圃，交还了他，他在赶耕，大约是想插秧子。

"你们的铺位都在里面铺好了。"同行的前任副官卢鸿谋向司机同志说。

"不，我们要在车上睡。"

"把车门锁上不就好了吗？"立群插说着。

"不行的，胎被偷掉一个也就不得了。"

"从前在长沙大火的时候，"我说，"周副部长的车子便被人偷过一次，后来到了桂林才找着。门就锁着，内行是有办法打开的。"

朝西走，在成渝公路上走不上三百步光景便是赖家桥，一道石桥架在一道小河上，这儿是一个车站，另外有两三家店铺，卖饭食杂货的。立群在一家店子里面买了点糖果和茶叶。

天黑下来了，乡下没有电灯，森森然好像回到了原始时代。

走回院子的时候，司机同志正从院里把铺陈抱了出来。

督耕的黄老头子还在那儿督耕。水牛都疲倦得不耐烦了，耕到墙脚的石坎边不肯转身，黄老头子站在石坎上帮忙拉着牛鼻索，死命地在那儿拖。

立群有点不大舒服，她先去睡了，我在书房里，在鱼烛光下，展开斯大林的《列宁主义问题》读。

我读完了《关于列宁主义的基础》，又读完了《关于辩证唯物主义和历史唯物主义》。夜境很岑寂，心境也很岑寂，但我并不觉得我是一个人。

壁上挂着的一张斯大林的照片俯瞰着我，我自己丝毫也没有睡意。

夜半过后突然刮起了大风，又在飘着雨粒，立群也惊醒来了。我关心着车上的两位司机同志。我想出去看看他们。

"怕朝门关了，他们在车上会淋雨的。"

"门不会关的吧，怕狗咬你呢！"

我实在也有点怕狗，把中堂门开了一下，外边是漆黑的。雨并不大，风倒相当猛，把鱼烛吹灭了。

## 七　新的果实

二十号的清早醒来，已经五点多钟。雨却下得很大。

"糟糕！司机同志们不晓得怎么样了？"

我赶着，冒着雨跑出去。朝门果然是关着的。

"糟糕！"

我赶快去打开朝门。两位同志就在屋檐下碛难容一人睡下去的干地上面打着地铺。看情形他们是靠着门坐了一个半夜。

我说了千万声对不住，请他们进来。天已经亮了，卡车也用不着看守，便把他们请到内院的休息处去，请他们再休息。

雨不断地下着，似乎有绵下去的样子。我们有点后悔，晓得是昨天赶着回城去就好了。我和立群商量，想搭公路车回去，立群也有这样的意思，因为四个小孩子留在城里，实在也放心不下。

算好，雨下到九点钟左右也就开始住了。行李陆续搬运上车，最后替侠公运了一些煤。连人带行李把卡车堆积成一座山了。

我们要上车的时候，立群邀我同上水牛山去。路很淋漓，山上的花木已经呈出荒芜的现象。银杏亭已经倾斜，带皮松木所缀成的花栏已经零落。银杏亭三个字还在，署的日期是"甲申六月"。这是我去年下乡时写的。那时，亭才完成，山也才从坟堆中开辟出来不久。因为我爱银杏，因为我爱水牛，所以我就借它们来作为了亭名与山名。还不及一年便呈出了这样凋零的现象。

各色的花带着雨还寂寞地开着，大都是经过了攀折的残余，而被人委弃着的。

立群主张折些回城去插花瓶，我感觉着有点不忍。

"要关照一声秦奉春才行吧？"

"回头关照他好了，丢在这儿，结果还是被人折去。"

折了一些柳穿鱼、金贝介、美人蕉，和一些常见而我不知名的黄花。

一株矮矮的花石榴，高还不及两尺，仅仅在一茎枝条上开着一朵花，双瓣而鲜红，还有几颗蓓蕾。看来一定是今年才开始开花的。它引动了我，我想折下来，但又踌躇了。枝子有点垂，我起初还以为受了雨、花朵重的缘故。待我低下头去细看时，它才是早被人折断了的。我便下了决心，索性把它折了下来。

立群还在菜园里面买了一箩筐四季豆，又一箩筐黄芽白，是向合作社买的。合作社是文委会办的，只留了一位朋友在结束后事。合作社租了好些田地栽瓜种菜，也在一些荒山上垦了好些地面。租的退租，垦的半就荒芜了。我们所买的只是一些残余。

立群说："买回去可以犒劳佣人。另外我已经买了好些猪肉，可以让他们大打一次牙祭。"

走回卡车的时候，秦奉春也在那儿送行，我拿着花向他打招呼："奉春，我们折回去插花瓶。"

"好的。已经没有剩下什么好花了，都被人偷了去。文委会被解散的消息一传出，菜也被人偷，花也被人折。开始是折，后来索性连根和土的搬走了。"

奉春说着这话时的表情和声调，不是愤激而是忧郁。水牛山公园是他一手一足经营出来的，连水牛山和银杏亭两个匾额都是他刻的字。他是美术家，做事很精细，因而也就徐缓，同人们背地里称之为"施乐先生"。施乐是英文 Slow（慢）的音译。他费了一年多将近两年的经营，结果遭了蹂躏。这心情，我能够了解，绝不是寻常的。

"是些什么人来偷的？"立群问得相当愤慨。

"还不是附近机关里的人，毫无办法。"奉春仍然以迂徐的调子熏郁着。

卡车快要开了，我再进院子里去绕了一趟，看忘记了什么东西。中庭里好些被昨夜的狂风吹折下来的银杏桠枝。我怀着惜别的意思拾起了一枝来，也想拿回城去在花瓶中供养。有一个青青的果实，没有想出还在枝头。

1945 年 6 月 4 日

# 访沈园

## 一

绍兴的沈园，是南宋诗人陆游写《钗头凤》的地方。当年著名的林园，其中一部分已经辟为"陆游纪念室"。

## 二

《钗头凤》的故事，是陆游生活中的悲剧。他在二十岁时曾经和他的表妹唐琬（蕙仙）结婚，伉俪甚笃。但不幸唐琬为陆母所不喜，二人被迫离析。

十余年后，唐琬已改嫁赵家，陆游也已另娶王氏。一日，陆游往游沈园，无心之间与唐琬及其后夫赵士程相遇。陆既未忘前盟，唐亦心念旧欢。唐劝其后夫遣家童送陆酒肴以致意。陆不胜悲痛，因题《钗头凤》一词于壁。其词云：

红酥手，黄縢酒，满城春色宫墙柳。东风恶，欢情薄，一怀愁绪，几年离索。错，错，错。

春如旧，人空瘦，泪痕红浥鲛绡透。桃花落，闲池阁，山盟虽在，锦书难托。莫，莫，莫。

这词为唐琬所见，她还有和词，有"病魂常似秋千索""怕人询问，咽泪装欢，瞒，瞒，瞒"等语。和词韵调不甚谐，或许是好事者所托。但唐终抑郁成病，至于夭折。我想，她的早死，赵士程是不能没有责任的。

四十年后，陆游已经七十五岁了。曾梦游沈园，更深沉地触动了他的隐痛。他又写了两首很哀婉的七绝，题目就叫《沈园》。

城上斜阳画角哀，沈园非复旧池台。伤心桥下春波绿，曾是惊鸿照影来。

梦断香消四十年，沈园柳老不吹绵。此身行作稽山土，犹吊遗踪一泫然。

这是《钗头凤》故事的全部，是很动人的一幕悲剧。

## 三

十月二十七日我到了绍兴，留宿了两夜。凡是应该参观的地方，大都去过了。二十九日，我要离开绍兴了。清早，争取时间，去访问了沈园。

在陆游生前已经是"非复旧池台"的沈园，今天更完全改变了面貌。我所看到的沈园是一片田圃。有一家旧了的平常院落，在左侧的门楣上挂着一个两尺多长的牌子，上面写着"陆游纪念室（沈园）"字样。

大门是开着的，我进去看了。里面似乎住着好几家人。只在不大的正中的厅堂上陈列着有关陆游的文物。有陆游浮雕像的拓本，有陆游著作的木版印本，有当年的沈园图，有近年在平江水库工地上发现的陆游第四子陆子坦夫妇的圹记，等等。我跑马观花地看了一遍，又连忙走出来了。

向导同志告诉我："在田圃中有一个葫芦形的小池和一个大的方池是当年沈园的故物。"

我走到有些树木掩荫着的葫芦池边去看了一下,一池都是苔藻。池边有些高低不平的土堆,据说是当年的假山。大方池也远远望了一下,水量看来是丰富的,周围是稻田。

待我回转身时,一位中年妇人,看样子好像是中学教师,身材不高,手里拿着一本小书,向我走来。

她把书递给我,说:"我就是沈家的后人,这本书送给你。"

我接过书来看时,是齐治平著的《陆游》,中华书局出版。我连忙向她致谢。

她又自我介绍说:"老母亲病了,我是从上海赶回来的。"

"令堂的病不严重吧?"我问了她。

"幸好,已经平复了。"

正在这样说着,斜对面从菜园地里又走来了一位青年,穿着黄色军装。赠书者为我介绍:"这是我的儿子,他是从南京赶回来的。"

我上前去和他握了手。想到同志们在招待处等我去吃早饭,吃了早饭便得赶快动身,因此我便匆匆忙忙地告了别。

这是我访问沈园时出乎意外的一段插话。

## 四

这段插话似乎颇有诗意。但它横在我的心中,老是使我不安。我走得太匆忙了,忘记问清楚那母子两人的姓名和住址。

我接受了别人的礼物,没有东西也没有办法来回答,就好像欠了一笔债的一样。

《陆游》这个小册子,在我的旅行箧里放着,我偶尔取出翻阅。一想到《钗头凤》的故事便使我不能不联想到我所遭遇的那段插话。

我依照着《钗头凤》的调子，也酝酿了一首词来：

　　官墙柳，今乌有，沈园蜕变怀诗叟。秋风袅，晨光好，满畦蔬菜，一池萍藻。草，草，草。

　　沈家后，人情厚，《陆游》一册蒙相授。来归宁，为亲病。病情何似？医疗有庆。幸，幸，幸。

　　的确，"满城春色宫墙柳"的景象是看不见了。但除"满畦蔬菜，一池萍藻"之外，我还看见了一些树木，特别是有两株新栽的杨柳。

　　陆游和唐琬是和封建社会搏斗过的人。他们的一生是悲剧，但他们是胜利者。封建社会在今天已经被推翻了，而他们的优美形象却永远活在人们的心里。

　　沈园变成了田圃，在今天看来，不是零落，而是蜕变。世界改造了，昨天的富室林园变成了今天的人民田圃。今天的"陆游纪念室"还只是细胞，明天的"陆游纪念室"会发展成为更美丽的池台——人民的池台。

　　陆游有知，如果他今天再到沈园来，他决不会伤心落泪，而是会引吭高歌的。他会看到桥下的"惊鸿照影"——那唐琬的影子，真像飞鸿一样，永远在高空中飞翔。

# 水墨画

天空一片灰暗，没有丝毫的日光。

海水的蓝色浓得惊人，舐岸的微波吐出群鱼喋喁的声韵。

这是暴风雨欲来时的先兆。

海中的岛屿和乌木的雕刻一样静凝着了。

我携着中食的饭匣向沙岸上走来，在一只泊系着的渔舟里面坐着。

一种淡白无味的凄凉的情趣——我把饭匣打开，又闭上了。

回头望见松原里的一座孤寂的火葬场。红砖砌成的高耸的烟囱口上，冒出了一笔灰白色的飘忽的轻烟……

# 卖 书

我平生受苦了文学的纠缠，我想去掉它也不知道有过多少次了。小的时候便喜欢读《楚辞》《庄子》《史记》《唐诗》，但在一九一三年出省的时候，我便全盘把它们丢了。一九一四年正月我初到日本来的时候，只带着一部《文选》，这是一九一三年的年底在北京琉璃厂的旧书店里买的。走的时候本来也想丢掉它，是我大哥劝我，没有把它丢掉。但我在日本的起初一两年，它被丢在我的箱里，没有取出来过。

在日本住久了，文学趣味不知不觉之间又抬起头来。我在高等学校快要毕业的时候，又收集了不少的中外的文学书籍了。

那是一九一八年的初夏，我从冈山的第六高等学校毕了业，以后是要进医科大学了。我决心要专精于医学，文学书籍就不能不和它们断缘了。

我下了决心，又先后把我贫弱的藏书送给了友人。当我要离开冈山的前一天，剩着《庾子山全集》和《陶渊明全集》两书还在我的手里。这两部书我实在是不忍丢掉，但又不能不丢掉。这两部书和科学精神实在是不相投合的。那时候我因为手里没有多少钱，便想把这两位诗人拿去拍卖。我想起日本人是比较尊重汉籍的，这两部书或者可以卖得一些钱。

那是晚上，天在下雨。我打起一把雨伞去冈山市。走到一家书店里我去问了一声。我说："我有几本中国书……"

话还没有说完，坐店的一位年轻的日本人，在怀里操着两只手，粗暴地反问着我："你有几本中国书？怎么样？"

我说："想让给你。"

"哼，"他从鼻孔里哼了一声，又把下颚向店外指了一下，"你去看看招牌吧，我不是买旧书的人！"说着把头掉开了。

我碰了这样一个大钉子，很失悔。这位书贾太不把人当钱了！我就偶尔把招牌认错，也犯不着以这样侮慢的态度来对待我！我抱着书仍旧回到寓所去。从冈山图书馆经过的时候，我突然对于它生出了惜别意来。这儿是使我认识了斯宾诺莎、泰戈尔、伽比儿、歌德、海涅、尼采诸人的地方。我的青年时代的一部分是埋葬在这儿的。我便想把我肘下挟着的两部书寄付在这儿。我一下了决心，便把书抱进馆去。那时因为下雨，馆里看书的一个人也没有。我向一位馆员交涉，说我愿意寄付两部书。馆员说馆长回家去了，叫我明天再来。我觉得这是再好也没有的，便把书交给了馆员，说明天再来，便各自走了。

啊，我平生没有遇着过这样快心的事。我把书寄付了之后，觉得心里非常恬静，非常轻松。雨伞上滴落着的雨声都带着音乐的谐调，赤足上蹴触着的行潦也觉得爽腻。啊，那爽腻的感觉！这样的感觉，到现在好像也还留在脚上，但是已经隔了六年了。

把书寄付后的第二天，我便离去了冈山。我在那天不消说没有往图书馆去。六年来，我乘火车虽然前前后后地也经过冈山五六次，但都没有机会下车。在冈山三年间的生活回忆时常在我脑中苏活着，但恐怕永没有重到那儿的希望了。

啊，那儿有我和芳坞同过学的学校，那儿有我和晓芙同住过的小屋，那儿有我时常去登临的操山，那儿有我时常去划船的旭川，那儿有我每天清早上学、每晚放学必然通过的清丽的后乐园，那儿有过一位最后送我上火车的女郎，这些都是使我永远不能忘怀的地方。但我现在最初想到的是我那《庾子山集》和《陶渊明集》的两部书呀！我那两部书不知道是否安然寄放在图书馆里？无名氏的寄付，未经馆长的过目，不知道是否遭了登录？看那样书籍的人，我怕近代的日本人中少有吧？即使遭了登录，想来也一定被置诸高阁，或者是被蠹鱼蛀食了。啊，也是哟，我的庾子山！我的陶渊明！我的旧友们哟！你们不要埋怨我的抛撇！你们也不要埋怨知音的寥落！我虽然把你们抛撇了，但我到了现在还在镂心刻骨地思念着你们。你们即使不遇知音，但假如在图书馆中健在，也比落在贪婪的书贾手中经过一道铜臭的烙印的，总要幸福得多吧？

啊，我的庾子山！我的陶渊明！旧友们哟！现在已是夜深，也是正在下雨的时候，我寄居在这儿的山中，也和你们冷藏在图书馆里的一样，但我想起六年前和你们别离的那个幸福的晚上，我觉得我也算不曾虚度此生了。

你们的生命比我长久的，我的骨化成灰、肉化成泥时，我的神魂是借着你们永在。

# 题画记（节选）

## 一

蝉子叫得声嘶力竭了。

去年的重庆据说已经是热破了纪录，但今年的纪录似乎更高。

有什么避暑的方法呢？

能够到峨眉山或者青城山去，想来一定很好，但这不是人人所能办到的事。即使能够办到，在目前全人类在争主奴生死的空前恶战中，假使没有业务上的方便，专为避暑而去，在良心上恐怕连自己也不允许。

电风扇扇出的只是火风；吃冰激凌呢，花钱，而且有恶性传染病的危险。

最好的办法，我看还是多流汗水吧。汗水流得多，可以促进新陈代谢的机能，而且在蒸发上也可以消费些身体周围的炎热。

傅抱石大约是最能了解流汗的快味的人。他今年自春季到现在竟画了一百好几十张国画，准备到秋凉之后展览。

我们同住在金刚坡下，相隔不远。前几天他抱了好几幅画来要我题，大都是他新近在这暑间的作品。

他的精神焕发。据说，他寓里只有一张台桌，吃饭时用它，孩子们读书时用它，做事时用它，有时晚上睡觉时也要用它。

他在这种窘迫的状态中，冒着炎热，竟有了这么丰富的成绩，实在值得感佩。

抱石长于书画，并善篆刻。七年前在日本东京曾经开过一次个人展览会。日本人对于他的篆刻极其倾倒，而对于他的书画则比较冷淡。

但最近我听到好些精通此道的人说，他的书画是在篆刻之上，特别是他的画已经到了升堂入室的境地。

我自己对于这些都是门外，不能有怎么深入的批评。但我感觉着他的一切劳作我都喜欢。而且凡是我所喜欢的东西，在我看来，不用说，都是好的。

中国画需要题跋是一件很有意义的民族形式。题与画每每相得益彰。好画还须有好题。题得好，对于画不啻是锦上添花。但反过来，假使题得不好，那真是佛头着粪。题上去了，无法擦消，整个的画面都要为它破坏。

抱石肯把他辛苦的劳作拿来让我题，他必然相信我至少不至于题得怎么坏，但在我则不免感觉着有几分惶恐。

在日本时我也曾替他题过画，当时是更加没有把握。记得有一张《瞿塘图》，我题得特别拙劣，至今犹耿耿在怀。目前自己的经验虽然又多了一些，但也不敢说有十分的把握。

辞要好，字要好，款式要好，要和画的内容、形式、风格恰相配称，使题词成为画的一个有机的部分，这实在不是容易的事。我感觉着，我自己宁肯单独地写一张字，或写一篇小说，写一部剧本。因为纵写得不好，毁掉了事，不至于损害到别人。

然而抱石的厚意我是不好推却的。而且据我自己的经验，好的画确实是比较好题。要打个不十分伦类的比譬吧，就好像好的马比较好骑的那样。经受过训练的马，只要你略通骑术，它差不多事事可以如人意。即使你是初次学骑，它也不会让你十分为难。没有经过训练的劣马，那是不敢领教的。

好的画不仅可以诱发题者的兴趣，而且可以启迪题者的心思。你对着一幅名画，只要能够用心地读它，会引你到达一些意想不到的境地。由于心思的焕发、兴趣的葱茏，便自然会得到比较适意的辞、比较适意的字、比较适意的风格。

这是毫无问题的。好的画在美育上是绝好的教材，对于题词者不用说也是绝好的教材了。

好的，题吧，大胆地题吧。

## 二

抱石送来的画都是已经裱好了的。他告诉我不必着急，等到秋凉时也来得及。

因之，我虽然时时打开来读，但开始几天并没有想题的意思。

大前天，八月三号，想题的意思动了。我便开始考虑着应该题些什么。

画里面有一张顶大的是屈原像，其次是陶渊明像。这两张，尤其屈原像，似乎是抱石的最经心的作品。这从他的画上可以看出，从他的言语神态之间也可以看出。

大约是看到我近年来对于屈原的研究用过一些工夫，也写过一部《屈原》的剧本，抱石是特别把屈原像提了出来，专一要我为他题。在他未来之前我也早就听见朋友这样讲过，传达了他的意思。把屈原像与陶渊明像同时呈在眼前，我便得到了一个机会，把这两位诗人来作比较考虑。

这两位，无论在性格或诗格上，差不多都是极端对立的典型。对他们的比较研究可以使人领悟到：不仅是诗应该如何作，还有是人应该如何做。

　　我自己对于这两位诗人究竟偏于哪一位呢？也实在难说。照近来自己的述作上说来，自然是关于屈原的多，多到使好些人在骂我以屈原自比，陶潜，我差不多是很少提到的。

　　说我自比屈原固然是一种误会，然而要说我对于陶渊明有什么大了不起的不满意吧，也不尽然。我对于陶渊明的诗和生活，自信是相当了解。不，不仅了解，而且也还爱好。凡是对于老、庄思想多少受过感染的人，我相信对于陶渊明与其诗，都是会起爱好的念头的。

　　那种冲淡的诗，实在是诗的一种主要的风格。而在陶潜不仅是诗品冲淡，人品也冲淡。他的诗与人是浑合而为一了。

　　有特别喜欢冲淡的人，便以为要这种才是诗，要陶潜才是真正的诗人。不仅旧文学家有这种主张，便是最时髦的新诗人，也有的在援引美国作家的残唾："要把激情驱逐于诗域之外。"

　　在这样的人眼里，那么，屈原便应该落选了。然而屈子的《离骚》向来赋有"经"名，就是主张"驱逐激情"的人也是一样的在诗人节上做着纪念文章。足见得人类所要求的美是不怎么单纯的。

　　一般的美学家把美感主要分为悲壮美与优美的两种。这如运用到诗歌上来，似乎诗里面至少也应该有表现这两种美感的风格。唐时司空表圣把诗分了二十四品，每品一篇四言的赞词，那赞词本身也就是很好的诗。但那种分法似乎过于细致，有好些都可以归纳起来。更极端地说，二十四品似乎就可以归纳成为那开首的"雄浑"与"冲淡"的两品。

　　屈原，便是表示悲壮美的"雄浑"一品的代表。他的诗品雄浑，人品也雄浑。他的诗与人也是浑合而为一了的。

　　但我不因推崇屈子而轻视陶潜，我也不因喜欢陶潜而要驱逐屈子。认真说，他们两位都使我喜欢，但他们两位也都有些地方使我不喜欢。诗的风格都不免单调，人的生活都有些偏激。像屈子的自杀，我实在不能赞成，但如陶潜的旷达，我也不敢一味恭维。我觉得他们两位都是过于把"我"看重了一点。把自我看得太重，像屈子则邻于自暴自弃，像陶潜则邻于自利自私。众醉独醒固然有问题，和光同尘又何尝没有问题？

我就在这样的比较考虑之下做下一首《中国有诗人》的五言古诗。

中国有诗人，当推屈与陶。
同遭阳九厄，刚柔异其操。
一如云中龙，夭矫游天郊。
一如九皋鹤，清唳彻晴朝。
一如万马来，堂堂江海潮。
一如微风发，离离黍麦苗。
一悲举世醉，独醒赋《离骚》。
一怜鲁酒薄，陶然友箪瓢。
一筑水中室，毅魄难可招。
一随化俱尽，情话悦渔樵。
问余何所爱，二子皆孤标。
譬之如日月，不论鹏与雕。
旱久焦禾稼，夜长苦寂寥。
自弃固堪悲，保身未可骄。
忧先天下人，为牺何惮劳？
康济宏吾愿，巍巍大哉尧。

这首我打算拿来题陶潜像，关于题屈原像的我要另外做。

# 小皮箧

今天是一九四二年的七月十三日。

清早我一早起来去打开楼门，出乎意料的是发现了一个钱包夹在门缝里。待我取来看时，更出乎意料的是我两年前所失去了的那个小皮箧。

一种崇高的人性美电击了我。

两年前，央克列维奇还在做着法国驻渝领事的时候。因为他对于中国新文学有深刻的研究，又因为他的夫人尼娜女士会说日本话，我们有一段时期过从很密。

每逢有话剧的演出，我们大抵要招待他们去看，也招待他们看过电影的摄制，看过汉墓的发掘。

尼娜夫人是喜欢佛寺的，陪都境内没有什么有名的佛寺，还远远招待他们去游过一次北温泉，登过缙云山，以满足她的希望。

他们也时常招待我们。在那领事巷底的法国领事馆里面有整饬的花园，有葱茏的树木，又因为地址高，俯瞰着长江，也有很好的眺望。他们在那儿飨宴过我们，也做过好些次小规模的音乐会和茶会。

五月以后，空袭频繁了起来。我们的张家花园的寓所在六月尾上被炸，便不得不搬下了乡。不久法国领事馆也被炸，央领事夫妇也就迁到清水溪去了。

我的日记还记得很清楚，是七月二十七的一天。我在金刚坡下的乡寓里接到尼娜夫人的来信，要我在第二天的星期日去访问他们，我便在当天晚上进了城去。

第二天一早，我便到了千厮门码头。雾很大，水也很大，轮渡不敢开。等船的人愈来愈多，把三只渡船挤满了，把趸船也挤满了，栈道和岸上都满站的是人。天气炎热得不堪，尽管是清早，又是在江边，我自己身上的衬衫，湿而复干，干而复湿地闹了两次。

足足等了三个钟头的光景，雾罩渐渐散开了，在九点多钟的时候才渡过了江去。

雇了一乘滑竿，坐登着上山的路。

路在山谷里一道溪水的左岸，一步一步的磴道呈着相当的倾斜。溪水颇湍急，激石作声，有时悬成小小的瀑布。两岸的岩石有些地方峭立如壁，上面也偶尔有些题字。最难得的还是迎面而来的下山的风。那凉味，对于从炎热的城市初来的人，予以难忘的印象。

约略有一个钟头的光景便到了清水溪。这是一个小小的乡镇，镇上也有好几百户的人家，好些都是抗战以来建立的。

央克列维奇是住在镇子左边的一座山头上。一座西式平房，结构相当宽敞。山上多是松树，虽然尚未成林，但因地僻而高，觉得也相当幽静。

主人们受到我的访问是很高兴的，特别是那尼娜夫人。尽管太阳很大，她却怂恿着她的丈夫，要陪着我出去散步。

在附近的山上走了一会，还把镇对面的黄山、汪山为我指点而加以说明。她说："那儿是风景地带，有不少的奇花异木，有公路可通汽车，住在那儿的人不是豪商便是显贵。"我那时还不曾到过那些地方，听她那样说，仿佛也就像在听童话一样。

桐子已经有半个拳头大了，颇嫌累赘地垂在路旁的桐子树上。

"这是什么果子树呀？"尼娜夫人发问。

我尽我所有的知识告诉了她。

对于什么都好像感觉新奇的外国夫人，她从树上折了一枝下来，说"要拿回去插花瓶"。

被留着吃了中饭，喝了葡萄酒。

尼娜夫人首先道歉道："本来是应该开香槟的，但都装在箱子里面还没有开箱，他们有一个誓约，要等到巴黎光复了，才开箱吃香槟酒。"

听了这样的话觉得比吃香槟酒还要有意思，因为巴黎陷落已经一个半月了，巴黎的人连吃面包都在成问题的时候，代表巴黎的人能有这样悲壮的誓约，也是应该的。

同席的还有好几位法国朋友，但因彼此的言语不大相通，只作了些泛泛的应酬而已。

中饭用毕后我正要告辞了，突然发出了警报，于是便又被留着。

其他的人都进了防空洞，只央克列维奇和我两人在回廊上走着，一面走，一面谈。也谈了好些问题，主要的还是关于文学这一方面。

央克列维奇的关于中国文学的造诣是使我惊异的，他在中国仅仅住了六年，最初在北京，其次是海南岛，最后来到重庆。他不仅对于五四运动以来的新文学知道得很详细，而且对于旧文学也有相当的研究。尤其是他喜欢词，对于宋元以来的词家的派别和其短长，谈得很能中肯。这在一个外国人的确是可惊异的事情。不，不仅是外国人，就连现代的中国新文学家能够走到了这一步的，恐怕也没有好几位吧？

两点钟左右警报解除了，我又重新告别。

临走的时候尼娜夫人送了我一首用英文写的诗，那大意是：

这儿有两条蜿蜒的江水，

就像是一对金色的游龙，

环抱着一座古代的山城，

有一位诗人住在城中。

这诗人是我们的朋友呵，

他不仅爱作诗，也爱饮酒。

李太白怕就是他的前身吧；

月儿呀，我问你：你知道否？

用极单纯的字面表现出委婉的意境，觉得很是清新，但这样译成中国字，不知道怎的，总不免有些勉强而落于陈套了。

我深深地表示了谢意。

坐着他们所替我雇就的滑竿，又由原道下山赶到了码头。码头上和轮船上，人都是相当拥挤的，因为是星期。

过了江来，又坐滑竿上千厮门，待我要付滑竿钱的时候，才发觉我的钱包被人扒去了。在江边购船票的时候，分明是用过钱包的，究竟是什么时候被人扒去的，我怎么也揣想不出。

好在我在裤腰包里面还另外放有一笔钱，因此在付滑竿钱上倒没有发生什么问题。但我感觉着十分可惜的却是尼娜夫人的那首诗也一道被扒了去。这是和钱包一道放在我左手的外衣包里的。

整整隔了两年，谁能料到我这小皮箧又会回来呢？

皮箧是旧了，里面还有十二块五角钱和我自己的五张名片。

诗稿呢？一定被扔掉了。

两年来我自己的职务是变迁了，住所也变迁了。

我现在住在这天官府街上一座被空袭震坏了的破烂院子的三楼，

二楼等于是通道。还我这皮箧的人，为探寻我的住址，怕是整整费了他两年的工夫吧？再不然便是他失掉了两年的自由，最近又才恢复了。

这人，我不知道他是年老的还是年轻的，是男的还是女的，是本地人还是外省人，在目前生活日见艰难，人情日见凉薄的时代，竟为我启示出了这样葱茏的人性美，我实在是不能不感激。

两年前的回忆绵延了下来。

一位瘦削的人，只有三十来岁，头发很黑，眼睛很有神，浓厚的胡子，把下部的大部分剃了，呈出碧青的成色，只留着最上层的一线络着两腮。这是浮在我眼前的央克列维奇的风采。据朋友说，他本是犹太系的法国人，而他的夫人却是波兰籍。

尼娜夫人很矮小，大约因为心脏有点不健康，略略有些水肿的倾向。头发是淡黄的，眼色是淡蓝的，鼻子是小小的，具有东方人的风味。

究竟不知道是为了什么缘故，就在一九四〇年的年底，法国的贝当政府免了央克列维奇的职。

免职后的央克列维奇，有一个时期想往香港，因为缺乏旅费，便想把他历年来所搜藏的中西书籍拿来趸卖。他曾经托我为他斡旋，他需要四万块钱左右便可卖出。但我自己没有这样的购买力，我所交际的人也没有这样的购买力，结果我丝毫也没有帮到他的忙。后来我听说他这一批书是被汪山的某有力者购买去了。

央克列维奇不久便离开了重庆，但他也并没有到香港，是往成都去住了很久。去年年底，在《棠棣之花》第二次上演的时候，我在中一路的街头，无心之间曾经碰见过他和他的夫人。他们一道在街上走，他们是才从成都回来，据说，不久要往印度去。

我邀请他们看戏，他们照例是很高兴的。戏票是送去了，但在当天晚上却没有看见他们。他们是住在嘉陵宾馆的，地方太僻远，交通工具不方便，恐怕是重要的缘故吧。自从那次以后我便没有再和他们见面了。

皮箧握在我的手里，回忆潮在我的心里。

我怀念着那对失了国的流浪的异邦人，我可惜着那首用英文写出的诗……

但我也感受着无限的安慰，无限的鼓舞，无限的力量……

我感觉着任你恶社会的压力是怎样的大，就是最遭了失败的人也有不能被你压碎的心。

人类的前途无论怎样是有无限的光明的。

1942 年 7 月 20 日

# 雨

六月二十七日《屈原》决定在北碚上演，朋友们要我去看，并把婵娟所抱的一个瓶子抱去。这个烧卖形的古铜色的大瓷瓶，是我书斋里的一个主要的陈设，平时是用来插花的。

《屈原》的演出我在陪都已经看了很多回，其实是用不着再往北碚去看的，但是朋友们的辛劳非得去慰问一下不可，于是在二十六日的拂晓我便由千厮门赶船坐往北碚，顺便把那个瓶子带了去。

今年延绵下来了的梅雨季，老是不容易开朗，已经断续地下了好几天的雨，到了二十七日依然下着，而且是愈下愈大。

二十七是星期六，是最好卖座的日期。雨大了，看戏的人便不会来。北碚的戏场又是半露天的篷厂，雨大了，戏根本也就不能上演。因此，朋友们都很焦愁。

清早我冒着雨，到剧社里去看望他们，我看到每一个人的表情都沉闷闷的，就像那梅雨太空一样稠云层迭。

有的在说："这北碚的天气真是怪，一演戏就要下雨。听说前次演《天国春秋》和《大地回春》的时候，也是差不多天天都在下着微雨的。"

有的更幽默一些，说："假使将来要求雨的时候，最好是找我们来演戏了。"

我感觉着靠天吃食者的不自由上来，但同是一样的雨对于剧人是悲哀，对于农人却是欢喜。听说今年的雨水好，小麦和玉蜀黍都告丰收，稻田也突破了纪录，完全栽种遍了。

不过百多人吃着大锅饭的剧人团体，在目前米珠薪桂的时节，演不成戏便没有收入，的确也是一个伟大的威胁。

办公室里面云卫的太太程梦莲坐在一条破旧的台桌旁，没精打采地在戏票上盖数目字。

桌上放着我所抱去的那个瓶子，呈着它那黝绿的古铜色，似乎也沉潜在一种不可名状的焦愁里面了。

突然在我心里浮出了一首诗。

"我做了一首打油诗啦。"我这样对梦莲说。

梦莲立即在台桌上把一个旧信封翻过来，拿起笔便道："你念吧，我写。"

我便开始念出：

不辞千里抱瓶来，此月沉阴竟未开。
敢是抱瓶成大错？梅霖怒陕北碚苔。

梦莲是会作诗的，写好之后她沉吟了一会，说："两个'抱瓶'字重复了，不大好。"说着她便把第三句改为了："敢是热情惊大士。"她说："是你把观音大士惊动了，所以才下雨啦。"

"那么，索性把'梅霖'改成杨枝吧。"我接着说。

于是诗便改变了一番面貌。

邻室早在开始排戏，因为有两位演员临时因故不出场，急于要用新人来代替，正在赶着排练。

梦莲和我把诗改好之后走出去看排戏。

临着天井的一座大厢房，用布景的道具隔为了两半，后半是寝室，做着食堂的前半作为了临时的排演场。有三尺来高的半壁作为栏杆和天井隔着，左右有门出入。

在左手的门道上，靠壁有一条板凳，饰婵娟的瑞芳正坐在那儿。

梦莲把手里拿着的诗给她看。

"这'怒'字太凶了一点。"瑞芳看了一会之后指着第四句说。

"我觉得是观音菩萨生了气啦，"我这样说，"今天老是不晴，戏会演不成的。"

"其实倒应该感谢这雨。"瑞芳说，"你看，演得这样生，怎么能够上场呢？"

我为她这一问略略起了一番深省。做艺术家的人能有这样的责任心，实在是值得宝贵；也唯其有这样的责任心，所以才能够保证得艺术的精进吧。

"好的，我要另外想一个字来改正。"我回答着。

"婵娟出场了！婵娟！"导演陈鲤庭在叫，已经在开始排第四幕，正该瑞芳出场的时候。

瑞芳应声着，匆匆忙忙地跑去参加排演去了。我便坐到她的座位上靠着壁思索。我先想改成"遍"字。写上去了，又勾倒过来，想了一会又勾倒过去；但是觉得仍旧不妥帖，便又改为"透"字。"杨枝透陕北碚苔"，然而也不好。最后我改成了"惠"字。

刚刚改定，瑞芳的节目演完了，又匆匆忙忙地跑了过来。

"改好了吗？"她问。

我把改的"惠"字给她看。

"对啦，这个字改得蛮好，这个字改得蛮好。"她接连着说，满愉快而天真。

梦莲在旁边似乎也在思索，到这时她说："那么'惊'字恐怕也要改一下才好了。"

"用不着吧？惊动了的话是常说的。"瑞芳接着说，依然是那么明朗而率真。

雨到傍晚时分虽然住了，但戏是没有方法演出的。有不少冒着雨从远方来看戏的人，晚上不能回家，结果是使北碚的旅馆，一时呈出了人满之状。"大士"的"惠"，毫无疑问地，是普济到了一般的小商人了。

第二天，二十八日，星期一。清早九点钟的时候，雨又下起来了。四处的屋檐都垂起了雨帘。

同住在兼善公寓一院里面的王瑞麟，把鲤庭和瑞芳约了来，在我的房间里同用早点。

瑞芳突然笑着向我说："那一个字又应该改回去了。"

我觉得这话蛮有风趣。我回答道："真的，实在是生了气。"

瑞麟和鲤庭都有些诧异，不知道我们所说的是什么。

我把故事告诉他们，同时背出了那首诗：

不辞千里抱瓶来，此日沉阴竟未开。

敢是热情惊大士？杨枝惠陕北碚苔。

不过这个字终竟没有改回去。因为不一会儿雨就住了，痛痛快快地接连又晴了好几天。好些人在看肖神，以为《屈原》一定无法演出的，而终于顺畅地演了五场。听说场场客满，打破纪录，农人剧人皆大欢喜。惠哉，惠哉。

1942 年 7 月 8 日

# 我如果再是青年

　　青春的时代和我永远告别了。尽管别的人有时还称赞我很年轻，或者甚至说比年轻人的精力还要饱满，我自己也尽可能存心保持自己的一切青春化，尽力和老气斗争，然而毕竟把青年的种种美德逐渐丧失了。

　　尽管你怎样倔强，第一在肉体上的侵袭，你就无法抵抗。一切的动作不再如从前那样灵活了。无论循环系统、消化系统、呼吸系统、神经系统，一切体内的机构，就像上了年代的钟表一样，失掉了它们的滑泽。这无论如何是不可抵抗的。你能够使你的头发不白，你能够使你的牙齿不落，你能够使你的皮肤不失掉弹性吗？

　　有的学者在苦心着想发明返老还童的方法，这方法在将来或许总有发明的一天吧，但老者必须向童年返还，足见人人所景仰的还是自己的青春。

> 啊，请把我那少年时代还来，
> 在那时有诗的涌泉涌新醅，
> 在那时有雾霭一层为我遮笼世界，
> 未放的蓓蕾依然含着奇胎，
> 在那时我摘遍群花，
> 群花开满山谷。

我是一无所有而又万事俱足。

我向现实猛进，又向梦境追寻。

请整个地还我那冲动的本能，

那深湛多恨的喜幸，

那憎的力量，爱的权衡，

还我那可贵的，可贵的青春！

　　这是诗人歌德在《浮士德》悲壮剧的序幕中，借着舞台诗人的口所表达出来的返老还童的愿望。这当然过于诗化了一点，但脚大爱小鞋，脸上失掉了光彩的姑娘们喜欢用摩登红，不必一定要秦始皇、汉武帝那样有权势的人才有愿望，要企图长生不老的。

　　怎么办呢？

　　仙人想吃空气和云霞，魏、晋时代的人吃过石粉，如今的人吃酸牛奶，但有什么用处呢？提倡吃酸牛奶的梅奇尼珂夫教授不是早已经和秦始皇、汉武帝一样成了故人吗？

　　青春不再来——在目前依然是无可奈何的铁则。权力把它无可奈何，科学也还是把它无可奈何。正因为这样，一个人到了觉得他的青春值得宝贵的时候，青春已经不在手里了。谁也免不得要以无望之望来系念着已经走远了的青春。

　　迟了，我这也只是无望之望——假如我能够再是青年。

　　我假如能够再是青年，我首先一定要警惕到：青春是容易消逝的，不要把自己的青春拿来浪费。

　　青年要学习捍卫自己，确实是不很容易的事。要使自己的身体更强壮些，使自己的学识打下很坚实的根底，使自己的精神不为恶社会自私自利的浊浪所沾染，所摇荡，这很容易办到吗？我年轻时候就没有办到。

年轻人有的是健康，因而他也就浪费健康。到了觉得健康值得宝贵的时候，那犹如已经把钱失掉了的败家子，是已经失掉健康了。当然保持或增进健康也并不是最终的目的，而是要你的健康能有更有效更有益的使用。无意识的浪费，那确实是败家子的行为，我自己年轻的时候就做过这样的败家子。

年轻人一方面浪费自己的健康，一方面又仗恃着自己还年轻，大抵每一个人在享乐上是今天主义者，在用功上是明天主义者。应该读的书，应该充实的基础知识，应该做或不做的事情，总是推到明天。"何必着急呢？马虎一点吧，明天还可以搞得通。"明天推后天，后天推大后天，习惯形成，一直就把人推到了坟墓的门前。现在明白了，后悔了，然而来不及了。假使年轻的时候，把学识的基础打得更坚固，自己总不会这样的无能吧。

学习了一身自私自利的不良习气，虽然明明知道自我牺牲的精神是很崇高的，利他主义是人类社会的韧带并促进进化的契机，然而个人主义的观点和行为，就跟三伏天的臭虫一样，费尽力气也不容易除掉。嘴巴是一套，手足是另一套。笔杆是一套，脑细胞是另一套。结果成为一个口是心非、言行不能一致的伪善者或两面人。嘴巴和笔杆越前进，伪善的程度便越彻底。路走错了，回头去吧，已经到了墓门。糟糕，一辈子完了！伪善的尽头便成为真恶！

但年轻人总须得有人帮助。自己不容易操持自己，如有善良的导师能够帮助引路，那是青年人的幸福，也是社会的幸福。我们在年轻的时候，可惜也并没有得到那样的领导，而今天负有领导青年的责任的人，却完全朝着错的路向在领。我们希望年轻人永远年轻，而今天的路向是使年轻人赶快年老。纵欲者值得嘉奖，刻苦者形迹可疑，没有把青年作为独立的栋梁而培植，而是把青年作为娱目畅怀的盆栽。当然，盆栽有时也有必要，只要娱公众之目，畅公众之怀，公园里的花木不也同样值得宝贵吗？然而今天的盆栽是案头供奉，而公园却塞满了瓦砾和粪便。

年轻人在这样的情形下怎么办？实在是难。我是相信良心的人，人是谁都想向善的，只因有障碍挡他，他才止步，或者往后退。自己随身带来的个体兽欲的惰性，又受着集体兽欲的惰性在领导。不把人当成人，只把人当成兽。你能够甘心吧？谁也不会甘心！那么谁也就应该克服这种兽欲的惰性。自己克服，相互克服，集体克服。

应该不要忘记，多少青年是连物质的生存都还不容易持续的，当然更说不上精神上的教养。这又是谁的罪？我们也听见过"人溺己溺，人饥己饥"那样的话，试问有谁实际做到过？口有余而行相反者是骗子，心有余而力不足者是懦夫。我如果再是青年，我不愿意再成为骗子，也不愿意再成为懦夫。为了自己，为了青年，为了千千万万的后代，我们不能够容忍再有骗子和懦夫的存在。

1945 年 5 月 28 日

# 冷与甘

鲁迅脍炙人口的两句诗：

> 横眉冷对千夫指，
> 俯首甘为孺子牛。

这把鲁迅精神表示得非常圆满。

在今年鲁迅逝世十周年纪念会上，我在演说里面引用了这两句，却把"冷对"误成"忍对"去了。不过当我演说完毕之后，自己立即感觉到了我的错误和这错误的来源。

接着在我之后是周恩来副主席讲演。恩来也引用了这两句，但他又把"冷对"记成"怒向"去了。这不用说也是错误，而且有趣的是错误的来源也和我的相同。

我们事后关于这个小小的问题讨论过一下，恩来说，他在讲演之前，还向坐在旁边的叶圣陶先生问过，圣陶先生也以为是"怒向"。

我说，我们错误的来源相同。这来源是在什么地方呢？也是鲁迅的另外两句诗：

> 忍看朋辈成新鬼，
> 怒向刀丛觅小诗。

　　我从这儿上一句记取了"忍"字，恩来则从下一句记取了"怒向"两个字。

　　然而，就由这无心的错误，我们倒似乎把鲁迅精神的一面——反抗的一面，很适当地阐发了。

　　便是"怒"加"忍"等于鲁迅的"冷"。

　　但可不要忘记：鲁迅精神还有另外一面，那便是鲁迅的"甘"。这应该是等于"爱"加"诚"的。这儿也可以引证鲁迅的两句诗：

　　　　精禽梦觉仍衔石，
　　　　斗士诚坚共抗流。

　　上一句虽然没有"爱"的字样，但里面正含蓄着无限深沉的"爱"，意思是说，为了"爱"，便明知无望，也不失望。

　　　　　　　　　　　　　　　　　　1948 年 12 月 21 日

# 无 题

及年岁之未晏兮,

时亦尤其未央。

恐鹈之先鸣兮,

使夫百草为之不芳。

——《离骚》

就好像受着迫促的一样,今年自一月以来比较写了一些东西,有时写得太猛,连一支新的头号派克都被触断了。

这或许也就是"衰老"的征候吧?不过也有的朋友说,是我的"第二青春"来了。我倒很高兴,我希望能够把握得着这永远的青春。

照年龄说来,我已经是知命晋一的人,但不知怎的,我却感觉着一切都还年青。仿佛二三十岁时的心境和现在的并没有什么两样。一样的容易兴奋,容易消沉;一样的有时是好胜自负,有时又痛感到自己的空虚。

因此有人说我很骄傲,就像"不可一世的拿破仑"。骄傲有时是难免的。模仿拿破仑的心理,十二三岁时也曾有过,但现在已经老早毕了业了。

年轻的朋友写信给我又爱这样说:"你能够接近青年,了解青年。"这或许也不尽是出于客套。因为我自己委实感觉着我还年轻，而且我也知道，有为的青年比较起一些"无兵司令"确实是更值得骄傲的。

不过也有些人说我很谦虚，而且是出于世故，甚至于世故到连耳朵半聋都是装的假。这又未免把我看得太伟大了。

平生一大恨事便是两耳失聪而又聋得不彻底，这是十七八岁时一场伤寒症的后果。假使我不聋，或许总可以更聪明得一点吧？假使聋得更彻底，或许也可以更聪明得一点吧？

只有这一点，我不得不承认我的确是"衰老"了，而且我还希望能够更"衰老"得一点。

能够听不到鹧鸪的鸣，当然是更好的事。

1942 年 11 月 23 日

# 竹阴读画

傅抱石的名字，近年早为爱好国画、爱好美术的人所知道了的。

我的书房里挂着他的一幅《桐阴读画》，是去年十月十七日，我到金刚坡下他的寓所中去访问的时候，他送给我的。七株大梧桐树参差地挺在一幅长条中，前面一条小溪，溪中有桥，桥上有一扶杖者，向桐阴中的人家走去。家中轩豁，有四人正展观画图。其上仿佛书斋，有童子一人抱画而入。屋后山势壮拔，有瀑布下流。桐树之间，补以绿竹。

图中白地甚少，但只觉一望空阔，气势苍沛。

来访问我的人，看见这幅画都说很好，我相信这不会是对于我的诔辞。但别的朋友，尽管在美术的修养上，比我更能够鉴赏抱石的作品，而我在这幅画上却享有任何人所不能得到的画外的情味。

三十二年十月十七日沫若先生惠临金刚坡下山斋，入蜀后最上光辉也……

抱石在画上附题了几行以为纪念，这才真是给予了我"最上光辉"。

我这一天日记是这样记着的：

十月十七日，星期日。

早微雨，未几而霁，终日晴。因睡眠不足，意趣颇郁塞……

十时顷应抱石之约，往访之，中途遇杜老邀与同往。抱石寓金刚坡下，乃一农家古屋，四围竹丛稠密，颇饶幽趣。展示所作画多幅，意思渐就豁然。更蒙赠《桐阴读画图》一帧，美关意可感。

夫人时慧女士享以丰盛之午餐。食时谈及北伐时在南昌城故事。时慧女士时在中学肄业，曾屡次听余讲演云。

立群偕子女亦被大世兄亲往邀来，直至午后三时，始怡然告别……

记得过于简单，但当天的情形是还活鲜鲜地刻印在我的脑子里面的。

我自抗战还国以后，在武汉时特别邀了抱石来参加政治部的工作，得到了他不少的帮助。武汉撤守后，由长沙而衡阳，而桂林，而重庆，抱石一直都是为抗战工作孜孜不息的。回重庆以后，政治部分驻城乡两地，乡部在金刚坡下，因而抱石的寓所也就定在了那儿。后来抱石回到教育界去了，但他依然舍不得金刚坡下的环境，没有迁徙。据我所知，他在中大或艺专任课，来往差不多都是步行的。

我是一向像候鸟一样，来去于城乡两地的人，大抵暑期在乡下的时候多，雾季则多住在城里。在乡时，抱石虽常相过从，但我一直没有到他寓里去访问过，去年的十月十七日是唯一的一次。

我初以为相隔得太远，又加以路径不熟，要找人领路未免有点麻烦。待到走动起来，才晓得并不那么远。在中途遇着杜老，邀他同行，他是识路的，便把领路的公役遣回去了。

杜老抱着一部《淮南子》正准备去找我，因为我想要查一下《淮南子》里面关于秦始皇筑驰道的一段文字。

我们在田埂上走着，走向一个村落。金刚坡的一带山脉，在右手绵亘着，蜿蜒而下的公路，历历可见。我们是在山麓的余势中走着的。

走不上十分钟光景吧，已经到了村落的南头。这儿我在前是走到过的，但到这一次杜老告诉我，我才知道村落也就叫金刚坡。有溪流一道，水颇湍急，溪畔有一二家面坊，作业有声。溪自村的两侧流绕至村的南端，其上有石桥，名龙凤桥。过桥，再沿溪西南行，不及百步，便有农家一座，为丛竹所拥护，葱茏于右侧。杜老指出道，那便是抱石的寓所了。

相隔得这样近，我真是没有想到。而且我在几天前的重九登高的时候，分明是从这儿经过的，那真可算是"过门而不入"了。

竹丛甚为稠密，家屋由外面几乎不能看出。走入竹丛后照例有一带广场，是晒稻子的地方，横长而纵狭。屋颇简陋并已朽败。背着金刚坡的山脉，面临着广场，好像是受尽了折磨的一位老人一样。

抱石自屋内笑迎出来了，他那苍白的脸上涨漾着衷心的喜悦。他把我们引进了屋内，就是面临着广场的一进厅堂，为方便起见，用篱壁隔成了三间。中间便是客厅，而兼着过道的使用，实在不免有些逼窄。这固然是抗战时期的生活风味，然而中国艺术家的享受就在和平时期似乎和这也不能够相差得很远。

我们中国人的嗜好颇有点奇怪，画一定要古画才值钱，人一定要死人才贵重。对于活着的艺术家的优待，大约就是促成他穷死、饿死、病死、愁死，这样使得他的人早点更贵重些，使得他的画早点更值钱些的吧？精神胜于物质的啦，可不是！

抱石，我看是一位标准的中国艺术家，他多才多艺，会篆刻，又书画，长于文事，好饮酒，然而最典型的，却是穷，穷，第三个字还是穷。我认识他已经十几年了，他的艺术虽然已经进步得惊人，而他的生活却丝毫也没有改进。"穷而后工"的话，大约在绘事上也是适用的吧？

抱石把他所有的制作都抱出来给我看了，有的还详细地为我说明。我不是为鉴赏的事，只是惊叹的事。的确也是精神胜于物质，那样苍白色的显然是营养不良的抱石，哪来这样绝伦的精力呵？几十张的画图在我眼前就像电光一样闪耀，我感觉着那矮小的农家屋似乎就要爆炸。

抱石有两位世兄，一位才满两岁的小姐。大世兄已经十岁了，很秀气，但相当羸弱，听说专爱读书，学校里的先生在担心他过于勤苦了。他也喜欢作画，我打算看他的画，但他本人却不见了。隔了一会他回来了，接着，立群携带着子女也走进来了，我才知道大世兄看见我一个人来寓，他又跑到我家里去把她们接来了的。

时慧夫人做了很多的菜来款待，喝了一些酒，谈了一些往事。我们谈到在日本东京时的情形。我记得有一次在东京中野留学生监督周慧文家里晚餐，酒喝得很多，是抱石亲自把我送到田端驿才分手的。抱石却把年月日都记得很清楚，他说："二十三年二月三日，是旧历的大除夕。"

抱石在东京时曾举行过一次展览会，是在银座的松坂屋，开了五天，把东京的名人流辈差不多都动员了。有名的篆刻家河井仙郎、画家横山大观、书家中村不折、帝国美术院院长正木直彦、文士佐藤春夫辈都到了场，有的买了他的图章，有的买了他的字，有的买了他的画。虽然收入并不怎么可观，但替中国人确实是吐了一口气。

我去看他的个展时是第二天，正遇着横山大观在场，有好些随员簇拥着他，那种飘飘然的傲岸神气，大有王侯的风度。这些地方，日本人的习尚和我们有些不同。横山大观也不过是一位画家而已。

他是东京人，自成一派，和西京的巨头竹内栖凤对立，标榜着"国粹"，曾经到过意大利。他在日本画坛的地位真是有点煊赫。自然，日本也有的是穷画家，但画家的社会地位比重要来得高些，一般是称为"画伯"的。

抱石在东京个展上摄了一些照片，其中有几张我题的诗，有一张我自己在看画时的背影。他拿出来给我们看了，十年前的往事活呈到了眼前，颇有一种难以言喻的情趣。

我劝抱石再开一次个展，他说他有这个意思，但能卖出多少却没有一定的把握。是的，这是谁也不敢保险的。不过我倒有胆量向一般有购买力的社会人士推荐，因为毫无问题，在将来抱石的画是会更值钱的。

午饭过后杂谈了一些，李可染和高龙生也来了，可染抱了他一些近作来求抱石品评。抱石又把自己的画拿出来，也让二位鉴赏了。在我告辞的时候，他拣出三张画来，要我自己选一张，他决意送我，我有点惶恐起来。别人的宝贵制作，我怎好一个人据为私有呢？我也想到在日本时，抱石也曾经送过我一张，然而那一张是被抛弃在日本的。旧的我都不能保有，新的我又怎能长久享受呢？我不敢要，因而我也就不敢选。然而抱石自己终把这《桐阴读画》选出来，题上了字，给了我。

真是值得纪念的"三十二年十月十七日"！

抱石送我们出了他的家，他指着眼前的金刚坡对我说："四川的山水四处都是画材，我大胆地把它采入了我的画面，不到四川来，这样雄壮的山脉我是不敢画的。"

"今天的事情，你可以画一幅'竹阴读画'图啦，读画的人不是古装的，而是穿中山装的高龙生、李可染、杜守素、郭沫若，还有夫人和小儿女。"我这样说着。

大家都笑了。大家也送着我们一直走出了竹林外来。

当到分手的时候，抱石指着时慧夫人所抱的两岁的小姐对我们说："这小女儿最有趣，她左边的脸上有一个很深的笑窝，你只要说她好看，她非常高兴。"

真的，小姑娘一听到父亲这样说，她便自行指着她的笑窝了，真是美，真是可爱得很。

时间很快便过去了，在十月十七日后不久，我们便进了城。虽然住在被煤烟四袭的破楼房里，但抱石的《桐阴读画》却万分超然地挂在我的壁上。任何人看了都说这幅画很好，但这十月十七日一天的情景，非是身受者是不能从这画中读出来的。因而我感觉着值得夸耀，我每天都接受着"最上光辉"。

# 向着乐园前进

孩子剧团的小朋友们和我相识已经快满四年了。

他们这个可爱的小小的团体是"八一三"以后在上海组织的，那时他们之中，大的不过十六七岁，小的仅仅七八岁。他们以那样小小的年纪，却有这样值得佩服的组织力，怎么也表示着我们中国的伟大的将来。

在上海未成孤岛之前，他们在那儿做了不少有益于抗战的工作，尤其对于难民尽了他们的慰劳、宣传，甚至教育的责任。我和他们，就是在租界的一个难民收容所里，第一次见面的。

在上海成了孤岛以后，我是由海路经过香港、广州、长沙，而到达武汉。在武汉又和他们第二次相见了，那是二十七年的正月。他们都是采取陆路，经过镇江、徐州、新郑，而到达武汉的。他们那沿途的经历，时而化整为零，时而集零为整，已经是一部很有趣的小说。

到了武汉以后，他们和我的联系便更加密切了。不久我参加了政治部门的工作，便把他们收编到了政治部来，这一群小朋友于是乎便成了我的朝夕相处的共事者。他们的工作和生活我是知道得比较详细的，他们的存在对于我是莫大的安慰，而同时是莫大的鼓励。

由武汉而长沙而桂林而重庆，他们沿途都留下了不能磨灭的工作成绩。在工作的努力上，在自我教育的有条理上，委实说，有好些地方实在是足以使我们大人们惭愧。政治部有他们这一群小朋友的加入，实在是增加了不少光彩。到了重庆后，他们分头向各地工作，几乎把大后方的各个省份都踏遍了。

这一次他们在重庆开始第一次的大规模的公演，而所演的《乐园进行曲》，事实上就是以他们为粉本而写出来的戏剧。现在都由他们自己把他们的生活搬上了舞台，真正是所谓"现身说法"。我相信是一定可以收到莫大的成功的。

随着抗战的进展，他们的年龄长大了，团体也长大了。在桂林和长沙儿童剧团合并之后，各处都有小朋友参加，他们真是做到了"精诚团结"的模范。其中有好些团员，严格地说恐怕已经不能算是"孩子"了吧。而我却希望他们永远保持着这个"孩子"的英名。

在精神上永远做孩子吧。永远保持敏感和伸缩自在的可塑性吧。

"孩子是天国中最大者"，有人曾经这样说过。

我是坚决地相信着，就要由这些小朋友们——永远的孩子，把我们中国造成地上乐园。

1930 年 3 月 23 日夜

# 断线风筝

## ——纪念于立忱女士

碧落何来五色禽，长空万里任浮沉。

只因半缕轻丝系，辜负乘风一片心。

这是立忱《咏风筝》的一首七绝。

去年十二月十六日，达夫要离开东京的前夜，日本笔会招待他，并请我作陪。在席散后，我把达夫拉到涩谷的立忱寓里去，她当晚把这首诗写给了我们看。

我觉得诗还不错，达夫也说好。

我当时有点感触，也就胡乱地和了她一首。立忱立即拿出一张斗方来要我写，我也就写了给她。

我的和诗是：

横空欲纵又遭禽，挂角高瓴月影沉。

安得恒娥宫里去，碧海晴天话素心。

但我把题目改为了《断线风筝》。

立忱连说："格调真高，格调真高。"

达夫没有说什么。我自己却明白地知道，不外是打油而已。

达夫当晚也为立忱写了一张斗方，但他没有和，只写了一首旧作，有"巴山夜雨"之句，全辞不能记忆了。

我回千叶的时候，他们送我到涩谷驿。步行的途中也把轻丝断线一类的话头来作过笑谑。

在涩谷驿前一家快要闭店的饮食店里，达夫一个人还喝了两合日本酒。我和立忱喝着红茶陪他。

我一个人回到乡下的寓居时，已经是一点多钟了。

是没有月的夜，"娥理容"星悬在正中。


立忱死后已十日，很想写点文字来纪念她，什么也写不出。只她的《咏风筝》和我的《断线风筝》总执拗地在脑子里萦回。

1937 年 6 月 1 日，园子里的大山朴，

又开了第一朵白花的清晨

# 螃蟹的憔悴

## ——纪念邢桐华君

邢君桐华，寂寞地在桂林长逝了。他的能力相当强，可惜却死得这么快。

我和他认识是在抗战前两年，是在敌国的首都东京。

那时候有一批的朋友，在东京组织一个文会团体，想出杂志，曾经出过八期。前三期叫《杂文》，因受日警禁止，后五期便改名为《质文》。桐华君便是这个团体里面的中坚分子。

他在早稻田大学俄国文学系肄业。杂志里面凡有关苏联文学的介绍，大抵是他出任的。

为催稿子，他到我的住处来过好几次，我还向他请教过俄文的发音。有一次他谈到想继续翻译托尔斯泰的《战争与和平》，我曾尽力地怂恿他，把我所有关于这一方面的资料都送给他去了。但他还未曾着手，却为了杂志的事，被日本警察抓去关了几天，结果是遣送回国了。

不久卢沟桥事变发生，我私自逃回了上海，曾经接到过桐华由南京的来信。

又不久知道他进干训团去受军训去了，和着一大批由日本回来的同学。

前年春节，我到武昌参加政治部工作，想到俄文方面需要，工作人员便把他调到第三厅服务。我们武昌重见，算是相别一年了。他在离去日本的时候，曾经吐过血。中经折磨，又受军训，显然是把他的症疾促进了。

自武汉搬迁以后，集中桂林。桂林行营成立，政治部将分出一部分人员留桂工作。我们当时也就顾虑到桐华的病体，把他留下了。因为他的憔悴是与时俱进，断不能再经受由桂而黔再蜀的长途远道的跋涉了。

留在桂林，希望他能够得到一些静养，但也于他无补，他终于是把一切都留在桂林了。

桐华的个人生活和他的家庭状况，我都不甚清楚：因为我和他接近的机会，究竟比较少。

但我知道他是极端崇拜鲁迅的。

他的相貌颇奇特。头发多而有拳曲态，在头上蓬簇着，面部广平而黄黑，假如年龄容许他的腮下生得一簇络腮胡来，一定可以称为马克思的中国版。

还是在日本的时候，记得他有一次独自到千叶的乡下来访我，是才满五岁的鸿儿去应的门。鸿儿转来告诉我说："螃蟹先生来了。"他把两只小手叉在耳旁，形容其面部的横广。我们大家都笑了。

但是这螃蟹的形象，在憔悴而且寂化了的桐华，是另外包含了一种意义了。

倔强到底，全身都是骨头。

1929 年 5 月 17 日晨

# 契诃夫在东方

契诃夫在东方很受人爱好。他的作品无论在中国或日本差不多全部都被翻译了，他的读者并不少于屠格涅甫①与托尔斯泰。

他的作品和作风很合乎东方人的口味。东方人于文学喜欢抒情的东西，喜欢沉潜而有内涵的东西，但要不伤于凝重。那感觉要像玉石般玲珑温润而不像玻璃，要像绿茶般于清甜中带点涩味，而不像咖啡加糖加牛乳。音乐的美也喜欢这种涩味，一切都要有沉潜的美而不尚外表的华丽。喜欢灰青，喜欢忧郁，不是那么过于宏伟，压迫得令人害怕。

契诃夫特别在这些方面投合了东方人的感情，在我们看来他的东方成分似乎多过于西方的。他虽然不做诗，但他确实是一位诗人。他的小说是诗，他的戏曲也是诗。他比屠格涅甫更为内在的，而比托尔斯泰或杜斯托奕犬斯基更有风味。

在中国，虽然一向不十分为人所注意，但他对于中国新文艺所给予的影响确是特别的大。关于这层，我们只消举出我们中国的一位大作家鲁迅来和他对比一下，似乎便可以了解。

鲁迅的作品与作风和契诃夫的极相类似，简直可以说是孪生的弟兄。假使契诃夫的作品是"人类无声的悲哀的音乐"（"still and sad music of humanity"），鲁迅的作品至少可以说是中国的无声的

---

① 现译为屠格涅夫，下同。

悲哀的音乐。他们都是平庸的灵魂的写实主义者。庸人的类似宿命的无聊生活使他们感觉悲哀，沉痛，甚至失望。人类俨然是不可救药的。

他们都是研究过近代医学的人，医学家的平静镇定了他们的愤怒，解剖刀和显微镜的运用训练了他们对于病态与症结作耐心的无情的剖检。他们的剖检是一样犀利而仔细，而又蕴含着一种沉默深厚的同情，但他们却同样是只开病历而不开处药方的医师。

这大约是由于环境与性格都相近的缘故吧。两人同患着不可治的肺结核症而倒下去了，单只这一点也都值得我们发生同情的联想。这种病症的自觉，对于患者的心情，是可能发生出一种同性质的观感的。内在的无可奈何尽可能投射为世界的不可救药。就这样内在的投射和外界的反映，便交织成惨淡的、虚无的、含泪而苦笑的诗。

但两人都相信着"进步"。这是近代生物学所证实了的、无可否认的铁的事实。故虽失望，而未至绝望。在刻骨的悲悯中未忘却一丝的希望。

契诃夫时时系念着"三二百年后"的人类社会光明的远景，他相信"再过三二百年后，全世界都要变成美丽而可爱的花园"（库普林《契诃夫的回忆》），"经过三二百年之后，世界上的生活都要变得十分美丽，不可思议的美丽"（《三姊妹》中韦士英所说）。这希望给予契诃夫的作品以潜在的温暖，就像尽管是严寒的冰天雪地，而不是无生命的月球里的死灭。

鲁迅的作品也正是这样。但鲁迅比契诃夫占了便宜的，是迟来世界二十年，后离世界三十年以上。鲁迅得以亲眼看见俄国十月革命的成功和中国革命势力的联带着的高涨，光明的前景用不着等待"三二百年之后"，竟在契诃夫去世后仅仅三二十年间便到来了。

在这儿鲁迅便和契诃夫分手了。希望成为现实，明天变成了今天，"进步的信仰"转化为了"革命的信仰"。"做得更像样一点吧"，在契诃夫所"不能够高声地公然向人说出"的，而在后期的鲁迅却"能够高声地向人说出"了。鲁迅是由契诃夫变为了高尔基。

但是毫无疑问，鲁迅在早年一定是深切地受了契诃夫的影响的。

因而前期鲁迅在中国新文艺上所留下的成绩，我是这样感觉着，也就是契诃夫在东方播下的种子。

1944 年 6 月 14 日作于重庆，

为纪念契诃夫逝世四十周年

# 罗曼·罗兰悼词

罗曼·罗兰先生，你是一位人生的成功者，你现在虽然休息了，可你是永远存在着的。你不仅是法兰西民族的夸耀、欧罗巴的夸耀，而是全世界、全人类的夸耀。你的一生，在精神生产上的多方面的努力，对于人类的贡献非常的宏大，人类是会永远纪念着你的。你将和历史上各个民族各个时代的伟大的灵魂们，像太空中的星群一样，永远在我们人类的头上照耀。

罗曼·罗兰先生，在二十年前你的杰作《约翰·克里斯朵夫》初次介绍到中国来的时候，你曾经向我们中国作家说过这样的话："我不认识欧洲和亚洲，我只知道世界上有两种民族——一种是上升，一种是下降。上升的民族是忍耐、热烈、恒久而勇敢地趋向光明的人们——趋向一切的光明：学问、美、人类爱、公众进步；而在另一方面的下降的民族是压迫的势力。是黑暗、愚昧、懒惰、迷信和野蛮。"你说，只有上升的民族是你的朋友，你的同志，你的弟兄。你说，你的祖国是自由的人类。这些话对于我们中国的文艺工作者是给予了多么正确的指示，多么有力的鼓励呀！

在今天的世界，正是这两种民族斗争着生死存亡的时候。你所说的上升的民族就是我们代表正义、人道的民主阵线，你所说的下降的民族就是构成轴心势力的法西斯。一边是赴汤蹈火，视死如归，牺牲自己的一切以解救人类的困厄；另一边是奴役、饥饿、活埋、杀人工场、毒气车、庞大的集中营，一个鬼哭狼嚎的活地狱。但今天，上升的不断地上升，下降的不断地下降，光明竟快要把黑暗征服了。我们要使全人类都不断地上升，全世界成为自由人类的共同祖国。

罗曼·罗兰先生，你是伟大的法兰西民族的儿子，当你看到法兰西民族又恢复了她的光荣的自由，而你自己在这时候终结了你七十九年的人生旅程，在你那肃穆的容颜上，怕必然表露出了一抹更加肃穆的微笑吧！但当你想到你的朋友，你的同志，你的兄弟的好些民族，依然还呻吟在法西斯蒂的控制下边没有得到自由，在和死亡、饥饿、奴役、恐怖作决死的斗争，在你那肃穆的容颜上，怕也必然表露出了一抹更加肃穆的悲愤吧！

但是，罗曼·罗兰先生，伟大的人类爱的使徒，你请安息吧。上升的要不断地自求上升，下降的要不断地使它下降，我们要以一切为了人类解放而英勇地战斗着的民族为模范，我们要不避任何的艰险，尽力趋向一切的光明。不避任何的艰险，尽力和黑暗、愚昧、残忍、凶暴的压迫势力、法西斯蒂、现世界的魔鬼，搏斗！我们中国是绝对不会灭亡的，人类是必然要得到解放的，法西斯魔鬼们是必然要消灭的！

罗曼·罗兰先生，你请安息吧。我们中国的文艺工作者们，更一定要以你为模范。要像你一样，把"背后的桥梁"完全斩断，不断地前进，决不回头；要像你一样，始终走着民主的大道，把自己的根须深深插进黑土里面去，从人民大众吸收充分的营养，再从黑土里面生长出来。我们一定要依照你的宝贵指示："每天早上，我们都得把新的工作担当起来，把前一天开始的斗争继续下去……对于错误，对于不公正，对于死，我们必须不断地力争，为着更大的更大的胜利。"

1945年3月21日

# 一支真正的钢笔

## ——在邹韬奋先生追悼会上的讲演辞

韬奋先生，你是我们中国人民的一位好儿子，我们中国青年的一位好兄长，中国新文化的一位好工程师。你的一生，为了人民的解放，为了青年的领导，为了文化的建设，尤其在抗日战争发动以来，为了争取反法西斯战争的胜利，你是很慷慨地、很热诚地用尽了你最后的一滴血。在目前我们大家最需要你的时候，而你离开了我们，这在我们是一个多么大的损失呀！这是一个无可补救的损失呀！（泣声和掌声）

韬奋先生，在你自己，怕应该是没有什么遗憾的吧。你把你自己慷慨地奉献了给人民，而你自己已经成为一个很庄严的完整的艺术品，在你自己怕应该是没有什么遗憾的吧！（鼓掌）要说有什么遗憾，那一定是在目前反法西斯战争已经接近胜利的期间，而你没有可能亲眼看见中国人民得到解放，中国青年的无拘无束的成长，反而在弥留的时候，你所接触的是中原失利的消息，湖南失利的消息。（大鼓掌）这怕是使你含着滚热的眼泪，一直把眼睛闭不下的吧！这在我们，作为你的朋友的我们，尤其是长远的一个哀痛！是我们的努力不够，没有把胜利早一天争取得来，反而在全世界四处都是胜利的声浪中，而我们有日蹙国百里的形势，增加了你临死时的哀痛。我们在今天在这儿追悼着你，至少我自己是深深地感觉着犯了很大的罪过的！但是，韬奋先生！你是真的离开了我们吗？你是真的放下了武器倒下去了吗？没有的，永远没有的。你并没有离开我们，你还活着。你还活在我们每一个人的心里，每一个青年的心里，千千万万的人民大众的心里。你是活着的，永远活着的，从中国的历史上，从我们人民的心目中，谁能够把邹韬奋的存在灭掉呢？（鼓掌）你的武器，你的最犀利的武器，也交代在我们手里来了。我们每一个人的身上差不多都有你的武器，这就是这么一支笔！你仗靠着这支笔。为人民的解放，为反法西斯的胜利战斗了来，我们也应该仗着这支笔，为人民的解放，为反法西斯的胜利战斗起去。（大鼓掌）这是一支不折不扣的名实相符的钢笔，有这支笔存在的地方便是民主存在的地方，没有这支笔存在的地方便是法西斯存在的地方。（鼓掌）像德国、日本那样法西斯国家，它们的笔是没有了，是变了质，变成了刷把。（鼓掌）替统治者刷糨糊，（鼓掌）刷粉墙，（鼓掌）刷断头台，（鼓掌）刷枪筒，（鼓掌）甚至刷马桶。（鼓掌）这样的刷把，迟早是要和法西斯一道，拿来抛进茅坑里去的。（鼓掌不息）

我们中国幸而还有这一支笔，这是你韬奋先生替我们保持了下来，我们应该要永远地保持下去。在目前反法西斯战争接近胜利的时候，笔杆的使用是要愈见代替枪杆的地位了。枪杆只能消灭法西斯的武力，要笔杆才能消灭法西斯的生命力。邹韬奋先生，你的一生用你的血来做了这支笔的墨，我们要继续不断地把我们的血来灌进去。邹韬奋先生，你的一生把你的脑细胞来做了这支笔的笔尖，我们要继续不断地把我们的脑袋子安上去。（鼓掌）我们要纪念你，韬奋先生，我们定要永远地保卫这枝笔杆，我们不让法西斯再有抬头的一天，不让人类的文化再有倒流的一天。这也怕就是，你通过你的笔所遗留给我们的遗嘱。（鼓掌历久不息）

1944 年 10 月 1 日

# 痛失人师

自从我认识陶行知以来，我心里隐隐怀着一个疑团。我总觉得陶先生的脸色不大正常，是一种不很健康的表征。但我不曾听见他说过有什么病。到他昨天因脑出血而突然去世，我才知道他有血压过高的宿症，我的八九年来的疑团也就冰释了。

知道了他有这样的病，更增加了我对于他的敬仰。他向来没有把这样的苦痛告诉过人，而且根本没有把这种苦痛放在眼里，他一直是忍受着这种苦痛，以献身的精神从事着他的事业的。血压高的人，容易兴奋或冲动，但他却丝毫没有那样的倾向。他处事接物，诚恳和易，十分耐烦；说话做文也蕴藉幽默，没有什么火气。这些可以证明，他的修养工夫确实是做到了忘我的地步。

我和他最后一次的见面是二十三日的晚上，他和好些朋友在我寓里谈了很久的话。八点钟，我们又同赴一位朋友的邀宴，在十点钟左右我们便分手了。他那时丝毫也没有呈现出什么异状。在分手时，我还半开玩笑地请他保重身体，"你是黑榜状元，应该留意呢"，我这样对他说。"不是状元是探花，是黑榜探花。你也准定榜上有名的"，他也半开玩笑地这样回答了。我现在想起来，这"黑榜探花"倒成了事实了，他恰巧是李公朴、闻一多遇刺以来为民主而死的第三名。迟李公朴十五天，迟闻一多十一天，而都同在这七月里面。真是多事的七月，可诅咒的七月！

　　古人说："经师易遇，人师难逢。"这话在今天尤其感觉真切。有学问知识的人比较容易找，而有人格修养的人实在是如凤毛麟角。陶先生就是这凤毛麟角当中的一位出色者，而今天他忽然倒下去了。尽管说陶先生精神不死，但一个人在和一个人不在，究竟是两样。而何况像陶先生那样的人和他那样的工作，实在是不容易找到替手的。我愿和千千万万的受了陶行知的熏陶的年青朋友们同声一哭。

1946 年 7 月 26 日

# 悼闻一多

十一日李公朴遭难，十五日闻一多遇害，同在昆明，同是领导民主运动的朋友，同遭美械凶徒的暗杀。这里毫无疑问是有组织有计划的白色恐怖的阴谋摆布。下手人看起来好像是疯狂了，但其实只是一二人在暗里发纵指使。那发纵指使者的一二人，像闻一多这样自由主义的学者，竟连同他的长公子一道，都要用卑劣无耻的政治暗杀的手段来谋害，不真是已经到了绝望的绝顶吗？

谁都知道，一多出身于清华大学，是受了美国式的教育的。当他在美国留学的期间，曾经写过很多有规律的新诗，他的成就远超过徐志摩的成就。他虽然和创造社发生过关系，他的诗集《红烛》是由我介绍给泰东书局出版的，但他从不曾有过"左倾"的嫌疑。回国以后一直从事于大学教育，诗虽然不再写了，而关于卜辞、金文及先秦文献的研究，成了海内有数的专家。他所走的路，不期然地和我有些类似，但我们的相见，却只有两回。一回是在抗战初期的汉口，一回是在去年七月我赴苏联时所路过的昆明。没想出昆明一别便成了永别了。在先秦文献的研究上，一多的成绩是很惊人的。《楚辞校补》得过教育部的二等奖金，读过这部著作的人，谁个不惊叹他的方法的缜密，见解的新颖，收获的丰富，完全是王念孙父子再来！我所见到的，关于《庄子内篇》的校记及若干《诗经》的今译，也无不独具只眼，前无古人。他还有很多的腹稿待写，然而今天却是永远遗失了。这是多么严重的损失呀！

谁都知道，由于政治的不民主，中国招致了九年的外寇，弄得来几乎亡国。这是国内外所共同承认的事实。爱国的文人学者们不忍坐视国家的沦亡，同时更认识到国难的症结之所在，故起而要求民主，要求政治改变作风，这仅仅是最近两三年来的事。一多参加了民主运动，也正是在这个潮流中有良心的学者的爱国行为，难道这就是犯了该死的罪吗？有一部分人的偏见，认为学者文人根本不应该过问政治。然而政治恶化到了今天，连学者文人都不能不起来过问了，这到底应该谁来负责？孙中山所拟议的国民代表大会，连学生都应该有代表参加的，谁个说学者文人们便不该过问政治？而且今天的学者文人们对于政治的要求，只是作为一个民国人民的最低限度的条件，我们要求民主，要求人民权利的保障，要求废弃独裁，废弃一党专政，难道这便形同不轨吗？

谁都知道靠着盟邦的协助，日本投降了，我们幸而免掉了亡国之痛。亡羊补牢，尚未为晚。我们正应该力改前非，及早废弃独裁，废弃一党专政，实行民主，从事建设，以图整个国家的现代化。这也正是我们人民今天普遍的要求，国内国外都是认为合理而且合法的，没有一丝一毫逾越了限度。然而有权责的人却充耳不闻，熟视无睹，不仅不依从人民的意愿，反而倒行逆施，变本加厉，在遍地灾荒、漫天贪墨、万民涂炭、百业破产的时候，却偏偏进行着大规模的内战。而镇压人民的反对，竟不惜采用最卑劣无耻的手段来诛锄异己。不用多说，李公朴和闻一多两位，都是在这样违背人民的反动机构之下遭受了暗杀的。今天我们看得很明显，凡是要求民主、要求人民权利的人便应该杀；凡是要求废弃独裁、要求废弃一党专政的便是罪人。有心肝的人们看，今天的中国究竟成了一个什么世界！是群众便遭美械师剿灭，是个人便遭美械特务暗杀，今天我们也有权利，请美国有心肝的人公平地看一看，看他们给予我们的援助方式，究竟是收到了怎样的效果！

枉然的，用恐怖政策来镇压人民。历史替我们证明，谁也没有成功过！恐怖不属于我们，恐怖是属于执行恐怖政策者的。人民今天已经到了死里求生的时候了，为民请命的李公朴和闻一多是从献身中得到了永生。李公朴遇难的时候，闻一多说："李公朴没有死。"闻一多今天又遇难了，我也敢于说："闻一多没有死。死了的是那些失掉了人性，执行恐怖政策的一二人，他们是死了，一个万劫不复的死！"

1946 年 7 月 17 日

# 少年爱国诗人夏完淳

中国历史上有夏完淳这个人物的存在，可以说是奇迹。他生于明崇祯四年（1631）辛未，死于清顺治四年（1647）丁亥，仅仅十七岁。他是江苏松江县①人，父亲是明末有名的名士夏允彝，虽然不是东林党人，但受了东林党的影响，在地方上起着很大的作用。明朝走到了末路，清军入关，他们父子两人曾屡次毁家纾难，参加并领导地方上的抗清工作，结果依然是失败。父亲在早一年的八月跳水自杀，儿子迟了一年，为清廷所捕，在南京被洪承畴杀了。

年仅十七岁，作为一个官宦人家的子弟，便能踊跃从军慷慨殉难，已经就是一件奇事；而尤其出奇的是他已经是近于成熟的一位诗人。他有一篇万言的《大哀赋》，死前一年所作，是模仿庾信的《哀江南》，而沉痛顽艳实有过之而无不及。据云"四岁能属文"，"五岁知五经"，足见他的确是一位早熟的所谓神童。他有遗集传世，曰《夏节愍全集》，是庄师洛、何其伟、陈均诸人替他收集起来的，合共十卷，又补遗二卷，收集得相当完备。"节愍"是乾隆末年（1776）对明室死难诸臣的追谥，为很多人所共通，并不为夏完淳所专有。集中所收诗赋词曲，书绪论檄，各体具备，大率可读。

但这位少年诗人，尽管在清代受过追谥，也有人为他收纂遗集，却因他是积极的抗清分子，事迹终不甚为人注意，而诗文也多丧佚

---

① 今松江区。

了。入了民国，也一直到抗战发生以后，才深切地引起了人们的注意。关于他的研究有汪辟疆先生的《三百年前一位青年抗战的民族文艺家——夏完淳》（曾发表于重庆版《时事新报》学灯栏），柳亚子先生的《江左少年夏完淳传》（现收入《怀旧集》）。更有一些人把他写成戏剧，我就是这其中的一个人。我的剧本，叫《南冠草》，这是采用他被捕后至死为止的一部诗集的名字。在重庆曾经演出，演出时由导演洪深先生改用了他临死一首诗中的一句——"金风剪玉衣"为名。因此夏完淳的事迹在抗战后期的大后方是传得相当普遍了。

夏完淳的不可及处，是他很年轻而有很高的文艺上的成就，既长于文艺而却没有一般文士的方巾气，居然"十五从军，十七授命"，表现了大丈夫的气概。我觉得这是很值得我们研究的问题，便是他为什么能够做到这样。简单的"神童"两个字不仅没有把问题阐明，而且使问题神秘化了。这样的判断，我们是不能够满足的。我曾经加以解释，认为是和他所受的教育与所处的时代有密切关系的。他有很好的父母师长，和同样聪明的妹妹亲戚。他的幼年时代的环境差不多是最近于理想的环境。在实践方面，也同样受了他的父亲夏允彝和师长陈卧子的感召，他们父子师弟三人是同志，父与师都死难殉节了，他为义气所迫，很自发地也就走向慷慨殉国的道路。这教育的力量，时代精神的领导，是值得我们强调的。

但我们在今天也可以公平地加上一个判断，便是夏完淳的成就是属于旧时代，他的意识和行动并没有可能突破封建思想的传统。不错，他是忠君爱国的，他的民族意识很强。但他有民族意识而缺乏人民意识，他忠君而不计所忠者为何等的人君。他爱国而不问所爱者是否人民的祖国。他只是在忠与爱的观念中守死善道而已。故他对于清廷固然反对，而对于李自成也不表同情。当李自成入京，把崇祯帝逼到煤山上吊之后，江南的士大夫大闹其哭庙，夏完淳也正领导其"江左少年"大做其檄文讨逆。就连他对于异民族的抗拒，其实也是根据着"内诸夏而外夷狄"的春秋大义而来，并不是因为异民族的屠害人民，而是因为裂冠毁裳，雉发易俗，有损礼教。这的确是夏完淳和他的一类型人所受着的思想上或阶级上的限制。夏完淳毕竟是封建社会士大夫阶层（实即地主阶级）的一个完好的代表而已。

我这样判断，或许有人会说我过苛，是拿现代意识来批评三百年前的古人。假使是这样，那我的确是太不公平了，我尽可以被人指责为犯了主观主义的毛病。但我并不是这样，我是另外认识了一位与夏完淳同时而比他稍年长的人，拿来做着批评的标准的。这个人是谁呢？就是河南县举人，跟着李自成造反的李岩。他也是官宦人家的子弟，他的父亲是做过兵部尚书的。虽然他的造反是由于腐败的官吏逼成的，但他终于造了反，而且有了他的参加，使李自成领导的农民革命，充分地带上了人民意识，而使那革命几乎成功了。关于李岩的佚事，我在《甲申三百年祭》一文中搜罗得相当详尽，我要请读者参考一下，并请把李岩和夏完淳来作一比较，那便可以知道，我对于夏完淳的批评是一点儿也不过苛的了。

但我在这里要揭露一番我自己的一项近于徒劳的粉饰工作。我因为过于爱慕夏完淳，我想使他成为完美无缺，更加以在抗战期间有团结内部的必要。当我写《南冠草》剧本的时候，我曾苦心孤诣地想把夏完淳的活动和李自成、张献忠的农民革命结合起来。写他曾有心去投依张李而没有达到目的。我找遍了他的全集，没有找出什么痕迹。《大哀赋》上有两句："招魂而湘江有泪，从军则西蜀无弦"，我认为上句是隐示李自成，那时李已在九宫山被杀。下句是隐示张献忠，张那时尚留于西蜀。但这实在是非常勉强的。但我就靠着这非常勉强的证据，在剧本中和剧本的后记中，公然把夏完淳写成了那样进步的一位人物。我在这儿实在是应该招认，我是不免有点阿好。其实不必把夏完淳写成那样，他倒要更完整些。他之不能更前进到那一步，我们并不能怪他。我们也可以拿另外一位历史人物来和他作比较，那便是"四大名儒"之一的王夫之了。王夫之也是富于民族意识的人，而同样缺乏人民意识。当张献忠入湖南，曾礼聘王夫之，而他藏匿起来不肯从贼。张把王的父亲绑了去要挟，王自毁乘肩舆而往，结果是张献忠看他固执，把他们父子两人同时释放了。连王夫之都是这样，我们怎么能够怪夏完淳呢？不过夏完淳在积极起来抗清之后，文字上便再没有不满张李等人的痕迹了。这倒也是无可否认的事实。或者我们至少可以说，在民族意识觉醒了之后的夏完淳，他的阶级意识是失掉了它的拗扭性的。

现在是更强大的帝国主义侵蚀着我们的时候，而有些人却比洪承畴还要无耻，夏完淳的民族性的强烈，倒依然是值得我们颂扬的。

1948 年 8 月 5 日于香港

# 我们的文化

世界是我们的，未来的世界文化是我们的。

我们是世界的创造者，是世界文化的创造者，而未来世界，未来世界的文化已经在创造的途中。

创造的前驱是破坏，否，破坏就是创造工程的一部分。

鸡雏是鸡卵的破坏者，种芽是种核的破坏者，胎儿是母胎的破坏者，我们是目前的吃人世界的破坏者。

目前吃人的世界，吃人的文化，是促进我们努力破坏的动机，也是促进我们努力创造的对象。

旧的不毁灭，新的不会出来，颓废的茅屋之上不能够重建出摩天大厦。

以吃人的世界、吃人的文化为对象而从事毁灭，这当然是有危险的事，唯其有危险，所以我们的工程正一刻也不能容缓。

世界已经被毒蛇猛兽盘踞，当然的处置是冒犯一切危险与损失，火烧山林。

世界已经有猛烈的鼠疫蔓延，我们只有拼命地投鼠，哪里还能够忌器？

和毒蛇猛兽搏斗的人多死于毒蛇猛兽，和鼠疫搏斗的人也多为鼠疫所侵害，这正是目前社会所不能掩饰的不合理的悲剧。然而这儿也正是我们的世界，我们的文化的精神中枢。

我们的精神是献身的。

我们的世界是我们的头颅所砌成，我们的文化是我们的鲜血的结晶。

长江是流徙着的。流过巫山了，流过武汉了，流过江南了，它在长途的开拓中接受了一身的鲜血，但终竟冲决到了自由的海洋。

这是人类进化的一个象征，这是人类进化的一个理想。

人类是进化着的，人类的历史是流徙着的。

人类的整个历史是一部战斗的历史，整个是一部流血的历史。

但是历史的潮流已经快流到它的海洋时期了。

全世界的江河都在向着海洋流。任你怎样想高筑你的堤防，任你怎样想深浚你的陂泽。你不许它直撞，它便要横冲，你不许它横冲，它便要直撞。

你纵能够使它一时停滞乃至倒流片时，然而你终不能使它永远倒流向山上。

在停滞倒流的一时片刻中，外观上好像是你的成功，然而你要知道在那个时期以后的更猛烈、更不容情的一个冲决。

谁能够把目前的人类退回得到猩猩以前的时代？

谁能够把秦始皇帝的威力一直维系到二十世纪的今天？

河水是流徙着的，我们要铲平阻碍着它的进行的崖障，促进它的奔流。

历史是流徙着的，我们开拓历史的精神也就是这样。

中国的历史已经流了三千年了，它已经老早便流到世界文化的海边。

然而不幸的是就在这个海边，就在这个很长的海岸线上，沿海都是绵亘着的险峻的山崖。

中国的历史是停顿着了，倒流着了，然而我们知道它具有不可限量的无限大的潜能。

我们的工程就在凿通这个山崖的阻碍。由内部来凿通，由外部来凿通，总要使中国的历史要像黄海一样，及早突破鸿蒙。

有人说我们也在动，我们也要冲，但我们是睁开眼睛的，不能像你们那样"盲目"地横冲，我们要等待"客观条件的成熟"。

"我们的慰安是尺寸的进步，是闪烁的微光。"

好的，真正是你的慰安呀，别人为你准备好的客观条件已经快要成熟了。

为你这对可爱的三寸金莲已经准备下三千丈长的裹脚布，让你再去裹小一些，好再走得袅娜一点。

为你这个标致的萤火虫儿已经准备好了一个金丝笼子，让你在那儿去慰安，让你也在那儿去进步，让你尾子上的一点微光在那儿去闪烁。

哼，真是不盲目的腐草里面生出的可怜虫！

宇宙的运行明明白白是摆在眼面前的，只有盲目的人才说它是"大谜"。

宇宙的内部整个是一个不息的斗争，而斗争的轨迹便是进化。

我们的生活便是本着宇宙的运行而促进人类的进化。

所以我们的光热是烈火，是火山，是太阳；我们的进行是奔湍，是弹丸，是惊雷，是流电。

在飞机已经发明了的时候，由上海去到巴黎有人叫你要安步以当车，一寸一尺地慢慢走去。

在电灯已经发明了的时候，在这样个暴风狂雨的漫漫长夜，有人叫你要像艾斯基摩（Eskimo）人一样死守着一个鱼油灯盏，要用双手去掩护着它，不要让它熄灭。

这种人是文化的叛逆者，是自然法则的叛逆者，同时也就是我们当前的敌人。

所以我们的口号是：世界是我们的。

我们要凿通一条运河，使历史的潮流赶快冲到海洋。

我们已经落后得很厉害了，我们要驾起飞机追赶。

我们要高举起我们的火把烧毁这目前被毒蛇猛兽盘踞着的山林。

担负着创造世界的未来的人们，我们大家团结起来。

我们同声高呼：我们要创造一个世界的文化，我们要创一个文化的世界！

# 梅园新村之行

梅园新村也在国府路上，我现在要到那儿去访问。

从美术陈列馆走出，折往东走，走不好远便要从国民政府门前经过。国府也是坐北向南的，从门口望进去，相当深远，但比起别的机关来，倒反而觉得没有那么宫殿式的外表。门前也有一对石狮子，形体太小，并不威武。虽然有点近代化的写实味，也并不敢恭维为艺术品。能够没有，应该不会是一种缺陷。

从国府门前经过，再往东走，要踱过一段铁路。铁路就在国府的墙下，起初觉得似乎有损宁静，但从另一方面想了一下，真的能够这样更和市井生活接近，似乎也好。

再横过铁路和一条横街之后，走不好远，同在左侧的街道上有一条侧巷，那便是梅园新村的所在处了。

梅园新村的名字很好听，大有诗的意味。然而实地的情形却和名称完全两样。不仅没有梅花的园子，也不自成村落。这是和《百家姓》一样的散文中的散文。街道是崎岖不平，听说特种任务的机关林立，仿佛在空气里面四处都闪耀着狼犬那样的眼睛，眼睛，眼睛。

三十号的周公馆，应该是这儿的一座绿洲了。

小巧玲珑的一座公馆。庭园有些日本风味，听说本是日本人住过的地方。园里在动土木，在右手一边堆积了些砖木器材，几位木匠师傅在加紧动工。看这情形，周公似乎有久居之意，而且似乎有这样的存心——在这个小天地里面，对于周围的眼睛，示以和平建设的轨范。

的确，我进南京城的第一个感觉，便是南京城还是一篇粗杂的草稿。别的什么扬子江水闸、钱塘江水闸，那些庞大得惊人的计划暂且不忙说，单为重观瞻起见，这座都城的建设似乎是刻不容缓了。然而专爱讲体统的先生们去把所有的兴趣集中在内战的赌博上，而让这篇粗杂的草稿老是不成体统。

客厅也很小巧，没有什么装饰。除掉好些梭发（沙发）之外，正中一个小圆桌，陈着一盆雨花台的文石。这文石的宁静、明朗、坚实、无我，似乎也就象征着主人的精神。西侧的壁炉两旁，北面与食厅相隔的左右腰壁上，都有书架式的壁橱，在前应该是有书籍或小摆设陈列的，现在是空着。有绛色的帷幕掩蔽着食厅。

仅仅两个月不见，周公比在重庆时瘦多了。大约因为过于忙碌，没有理发的闲暇吧，稍嫌过长的头发愈见显得他的脸色苍白。他的境遇是最难处的，责任那么重大，事务那么繁剧，环境又那么拂逆。许多事情明明是知其不可为而为，但却丝毫也不敢放松，不能放松，不肯放松。他的工作差不多经常要搞个通夜，只有清早一段时间供他睡眠，有时竟至有终日不睡的时候。他曾经叹息过，他的生命有三分之一是在"无益的谈判"里继续不断地消耗了。谈判也不一定真是"无益"，他所参与的谈判每每是关系着民族的生死存亡，只是和他所花费的精力比较起来，成就究竟是显得那么微末。这是一个深刻的民族的悲哀，这样一位才干出类的人才，却没有更积极性的建设工作给他做。

　　但是，轩昂的眉宇，炯炯的眼光，清朗的谈吐，依然是那样的有神。对于任何的艰难困苦都不会避易的精神，放射着令人镇定，也令人乐观的毅力。我在心坎里，深深地为人民，祝祷他的健康。

　　我自己的肠胃有点失调，周公也不大舒服，中饭时被留着同他吃了一餐面食。食后他又匆匆忙忙地外出，去参加什么会议去了。

　　借了办事处的一辆吉普车，我们先去拜访了莫德惠和青年党的代表们。恰巧，两处都不在家，我们便回到了中央饭店。

# 寄生树与细草

寄生树站在一株古木的高枝上，在空气中洋洋得意。它倨傲地俯瞰着下面的细草说道："你们可怜的小草儿，你看我的位置是多么高，你们是多么矮小！"

细草们没有回答。

寄生树又自言自语地唱道："啊哈哟，我是大自然中的天骄。有大树做我庇护，有大树供我养料。我是神不亏而精不劳；高瞻乎宇宙，君临乎小草，披靡乎浮云，揖友乎百鸟。啊哈哟，我是大自然中的天骄。"

一场雷雨，把大树劈倒了。寄生树和古木的高枝倒折在草上。细草儿们为它哀哭了一场。

寄生树渐渐枯死了。每逢下雨的时候，细草们便追悼它，为它哀哭。

寄生树被老樵夫捡拾在大箩筐里，卖到瓦窑里去烧了。每逢下雨的时候，细草们还在追悼它，为它哀哭。

1924 年在上海

# 芭蕉花

　　这是我五六岁时的事情了。我现在想起了我的母亲，突然记起了这段故事。

　　我的母亲六十六年前是生在贵州省黄平州的。我的外祖父杜琢章公是当时黄平州的州官。到任不久，便遇到苗民起事，致使城池失守，外祖父手刃了四岁的四姨，在公堂上自尽了。外祖母和七岁的三姨跳进州署的池子里殉了节，所用的男工女婢也大都殉难了。我们的母亲那时才满一岁，刘奶妈把我们的母亲背着已经跳进了池子，但又逃了出来。在途中遇着过两次匪难，第一次被劫去了金银首饰，第二次被劫去了身上的衣服。忠义的刘奶妈在农人家里讨了些稻草来遮身，仍然背着母亲逃难。逃到后来遇着赴援的官军才得了解救。最初流到贵州省城，其次又流到云南省城，倚人庐下，受了种种的虐待，但是忠义的刘奶妈始终是保护着我们的母亲。直到母亲满了四岁，大舅赴黄平收尸，便道往云南，才把母亲和刘奶妈带回了四川。

　　母亲在幼年时分是遭受过这样不幸的人。

　　母亲在十五岁的时候到了我们家里来，我们现存的兄弟姊妹共有八人，听说还死了一兄三姐。那时候我们的家道寒微，一切炊洗洒扫要和妯娌分担，母亲又多子息，更受了不少的累赘。

白日里家务奔忙，到晚来背着弟弟在菜油灯下洗尿布的光景，我在小时还亲眼见过，我至今也还记得。

母亲因为这样过于劳苦的缘故，身子是异常衰弱的，每年交秋的时候总要晕倒二回，在旧时称为"晕病"，但在现在想来，这怕是在产褥中，因为摄养不良的关系所生出的子宫病罢。

晕病发了的时候，母亲倒睡在床上，终日只是呻吟呕吐，饭不消说是不能吃的，有时候连茶也几乎不能进口。像这样要经过两个礼拜的光景，又才渐渐回复起来，完全是害了一场大病一样。

芭蕉花的故事是和这晕病关联着的。

在我们四川的乡下，相传这芭蕉花是治晕病的良药。母亲发了病时，我们便要四处托人去购买芭蕉花。但这芭蕉花是不容易购买的。因为芭蕉在我们四川很不容易开花，开了花时乡里人都视为祥瑞，不肯轻易搞卖。好容易买得了一朵芭蕉花了，在我们小的时候，要管两只肥鸡的价钱呢。

芭蕉花买来了，但是花瓣是没有用的，可用的只是瓣里的蕉子。蕉子在已经形成了果实的时候也是没有用的，中用的只是蕉子几乎还是雌蕊的阶段。一朵花上实在是采不出许多的这样的蕉子来。

这样的蕉子是一点也不好吃的，我们吃过香蕉的人，如以为吃那蕉子怕会和吃香蕉一样，那是大错而特错了。有一回母亲吃蕉子的时候，在床边上挟过一箸给我，简直是涩得不能入口。

芭蕉花的故事便是和我母亲的晕病关联着的。

我们四川人大约是外省人居多，在张献忠剿了四川以后，四川人有句话说："张献忠剿四川，杀得鸡犬不留。"在清初时期好像有过一个很大的移民运动。外省籍的四川人各有各的会馆，便是极小的乡镇也都是有的。

我们的祖宗原是福建的人，在汀州府的宁化县，听说还有我们的同族住在那里。我们的祖宗正是在清初时分入了四川的，卜居在峨眉山下一个小小的村里。我们福建人的会馆是天后宫，供的是一位女神叫作"天后圣母"。这天后宫在我们村里也有一座。

那是我五六岁时候的事了。我们的母亲又发了晕病。我同我的二哥，他比我要大四岁，同到天后宫去。那天后宫离我们家里不过半里路光景，里面有一座散馆，是福建人子弟读书的地方。我们去的时候散馆已经放了假，大概是中秋前后了。我们隔着窗看见散馆园内一簇芭蕉，其中有一株刚好开着一朵大黄花，就像尖瓣的莲花一样。我们是欢喜极了，那时候我们家里正在找芭蕉花，但在四处都找不出，我们商量着便翻过窗去摘取那朵芭蕉花。窗子也不过三四尺高的光景，但我那时还不能翻过，是我二哥擎我过去的。我们两人好容易把花苞摘了下来，二哥怕人看见，把花藏在衣袂下同路回去。回到家里了，二哥叫我把花苞拿去献给母亲。我捧着跑到母亲的床前，母亲问我是从什么地方拿来的，我便直说是在天后宫掏来的。我母亲听了便大大地生气，她立地叫我们跪在床前，只是连连叹气地说："啊，娘生下了你们这样不争气的孩子，为娘的倒不如病死的好了！"我们都哭了，但我也不知为什么事情要哭。不一会父亲晓得了，他又把我们拉去跪在大堂上的祖宗面前打了我们一阵。我挨掌心是这一回才开始的，我至今也还记得。

我们一面挨打，一面伤心。但我不知道为什么该讨我父亲、母亲的气。母亲病了要吃芭蕉花，在别处园子里掏了一朵回来，为什么就犯了这样大的过错呢？

芭蕉花没有用，抱去奉还了天后圣母，大约是在圣母的神座前干掉了罢？

这样的一段故事，我现在一想到母亲，无端地便涌上了心来。我现在离家已十二三年，值此新秋，又是风雨飘摇的深夜，天涯羁客不胜落寞的情怀，思念着母亲，我一阵阵鼻酸眼胀。

啊，母亲，我慈爱的母亲哟！你儿子已经到了中年，在海外已自娶妻生子了。幼年时摘取芭蕉花的故事，为什么使我父亲、母亲那样的伤心，我现在是早已知道了。但是，我正因为知道了，竟失掉了我摘取芭蕉花的自信和勇气。这难道是进步吗？

# 丁东草（二章）

## 丁 东

我思慕着丁东——

可是并不是那环佩的丁东、铁马的丁东，而是清冽的泉水滴下深邃的井里的那种丁东。

清冽的泉水滴下深邃的井里，井上有大树罩荫，让你在那树下盘旋，倾听着那有节奏的一点一滴，那是多么清永的凉味呀！

古时候深宫里的铜壶滴漏在那夜境的森严中必然曾引起过同样的感觉，可我不曾领略过。

在深山里，崖壑幽静的泉水边，或许也更有一番逸韵沁人心脾，但我小时并未生在山中，也从不曾想过要在深山里当一个隐者。

因此我一思慕着丁东，便不免要想到井水，更不免要想到嘉定的一眼井水。

住在嘉定城里的人，怕谁都知道月儿塘前面有一眼丁东井的吧。井旁有榕树罩荫，清冽的水不断地在井里丁东。

诗人王渔洋曾经到过嘉定，似乎便是他把它改为了方响洞的。是因为井眼呈方形？还是因为井水的声音有类古代的乐器"方响"？或许是双关二意吧？

但那样的名称，那有丁东来得动人呢？

我一思慕着丁东，便不免要回想着这丁东井。

小时候我在嘉定城外的草堂寺读过小学。我有一位极亲密的学友就住在丁东井近旁的丁东巷内。每逢星期六，城里的学生是照例回家过夜的，傍晚我送学友回家，他必然要转送我一程，待我再转送他，他必然又要转送。像这样的辗转相送，在那昏黄的街道上也可以听得出那丁东的声音。

那是多么隽永的回忆呀，但不知不觉地也就快满四十年了。相送的友人已在三十年前去世，自己的听觉也在三十年前早就半聋了。

无昼无夜地我只听见有苍蝇在我耳畔嗡营，无昼无夜地我只感觉有风车在我脑中旋转，丁东的清澈已经被友人带进坟墓里去了。

四年前我曾经回过嘉定，却失悔不应该也到过月儿塘，那儿是完全变了。方响洞依然还存在，但已阴晦得不堪。我不敢挨近它去，我相信它是已经死了。

我愿意谁在我的两耳里注进铁汁，让这无昼无夜嗡营着的苍蝇，无昼无夜旋转着的风车都一道死去。

然而清冽的泉水滴下深邃的井里，井上有大树罩荫，你能在那树下盘旋，倾听着那一点一滴的声音，那是多么清永的凉味呀！

我永远思慕着丁东。

1942 年 10 月 30 日

## 石　榴

五月过了，太阳增加了它的威力，树木都把各自的伞盖伸张了起来，不想在争妍斗艳的时候；有少数的树木却在这时开起了花来。石榴树便是这多数树木中的最可爱的一种。

石榴有梅树的枝干，有杨柳的叶片，奇崛而不枯瘠，清新而不柔媚，这风度实兼备了梅柳之长，而舍去了梅柳之短。

　　最可爱的是它的花，那对于炎阳的直射毫不避易的深红色的花。单瓣的已够陆离，双瓣的更为华贵，那可不是夏季的心脏吗？

　　单那小茄形的骨朵已经就是一种奇迹了。你看它逐渐翻红，逐渐从顶端整裂为四瓣，任你用怎样犀利的劈刀也都劈不出那样的匀称，可是谁用红玛瑙琢成了那样多的花瓶儿，而且还精巧地插上了花？

　　单瓣的花虽没有双瓣者的豪华，但它却更有一段妙幻的演艺，红玛瑙的花瓶儿由希腊式的安普剌①变为中国式的金罍，殷、周时古味盎然的一种青铜器（博古家所命名的各种锈彩，它都是具备着的）。

　　你以为它真是盛酒的金罍吗？它会笑你呢。秋天来了，它对于自己的戏法好像忍俊不禁地，大笑起来，露出一口的皓齿。那样透明光嫩的皓齿你在别的地方还看见过吗？

　　我本来就喜欢夏天。夏天是整个宇宙向上的一个阶段，在这时使人的身心解脱尽重重的束缚。因而我更喜欢这夏天的心脏。

　　有朋友从昆明回来，说昆明石榴特别大，籽粒特别丰腴，有酸甜两种，酸者味更美。

　　禁不住唾津的潜溢了。

1942 年 10 月 31 日

_____
① 是英文 ampulla 的音译，即一种尖底胆瓶。

# 芍药及其他

## 芍 药

昨晚往国泰后台去慰问表演《屈原》的朋友们，看见一枝芍药被抛弃在化妆桌下，觉得可惜，我把它拣了起来。

枝头有两朵骨朵，都还没有开。这一定是为屈原制花环的时候被人抛弃了的。

在那样杂沓的地方，幸好是被抛在桌下没有被人践踏呀。

拿回寓里来，剪去了一节长梗，在菜油灯上把切口烧了一会，便插在我书桌上的一个小巧的白瓷瓶里。

清晨起来，看见芍药在瓶子里面开了。花是粉红，叶是碧绿，颤巍巍地向着我微笑。

4月12日

## 水 石

水里的小石子，我觉得，是最美妙的艺术品。

那圆融、滑泽，和那多种多样的形态、花纹、色彩，恐怕是人力以上的东西吧。

这不必一定要雨花台的文石，就是随处的河流边上的石碛都值得你玩味。

你如蹲在那有石碛的流水边上，肯留心向水里注视，你可以发现一个光怪陆离的世界。

那个世界实在是绚烂、新奇，然而却又素朴、谦抑，是一种极有内涵的美。

不过那些石子却不好从水里取出。

从水里取出，水还没有干时，多少还保存着它的美妙。待水分一干，那美妙便要失去。

我感觉着，多少体会了艺术的秘密。

4月12日

## 石　池

张家花园的怡园前面有一个大石池，池底倾斜，有可供人上下的石阶，在初必然是凿来做游泳池的。但里面一珠水也没有。因为石缝砌得严密，也没有进出一株青草，蒸出一钱苔痕。

我以前住在那附近，偶尔去散散步，看见邻近驻扎的军队有时也就在池底上操练。这些要算是这石池中的暂时飞来的生命的流星了。

有一次敌机来袭，公然投了一个燃烧弹在这石池里面，炸碎几面石板，烧焦了一些碎石。

弹坑并不大，不久便被人用那被炸碎了的碎石填塞了。石池自然是受了伤，带上了一个瘢痕。

再隔不许久，那个瘢痕却被一片片青青的野草遮遍了。

石池中竟透出了一片生命的幻洲。

4月26日晨

## 母　爱

这幅悲惨的画面，我是永远也不会忘记的。是三年前的"五三"

那一晚，敌机大轰炸，烧死了不少的人。

第二天清早我从观音岩上坡，看见两位防护团员扛着一架成了焦炭的女人尸首。

但过细看，那才不止一个人，而是母子三人焦结在一道的。

胸前抱着的是一个还在吃奶的婴儿，腹前蜷伏着的又是一个，怕有三岁光景吧。

母子三人都成了骸炭，完全焦结在一道。

但这只是骸炭吗？

1942 年 4 月 30 日晨

# 杜　鹃

杜鹃，敝同乡的魂，在文学上所占的地位，恐怕任何鸟都比不上。

我们一提起杜鹃，心头眼底便好像有说不尽的诗意。

它本身不用说，已经是望帝的化身了。有时又被认为是薄命的佳人，忧国的志士；声是满腹乡思，血是遍山踯躅；可怜，哀婉，纯洁，至诚……在人们的心目中成为爱的象征。这爱的象征似乎已经成为民族的感情。

而且，这种感情还超越了民族的范围，东方诸国大都受到了感染。例如日本，杜鹃在文学上所占的地位，并不亚于中国。

然而，这实在是名实不符的一个最大的例证。

杜鹃是一种灰黑色的鸟，毛羽并不美，它的习性专横而残忍。

杜鹃是不营巢的，也不孵卵哺雏。到了生殖季节，产卵在莺巢中，让莺替它孵卵哺雏。雏鹃比雏莺大，到将长成时，甚至比母莺还大。鹃雏孵化出来之后，每将莺雏挤出巢外，任它啼饥号寒而死，它自己独霸着母莺的哺育。莺受鹃欺而不自知，辛辛苦苦地哺育着比自己还大的鹃雏，真是一件令人不平、令人流泪的情景。

想到了这些实际，便觉得杜鹃这种鸟大可以作为欺世盗名者的标本了。然而，杜鹃不能任其咎。杜鹃就只是杜鹃，它并不曾要求人把它认为佳人、志士。

　　人的智慧和莺也相差不远，全凭主观意象而不顾实际，这样的例证多的是。

　　因此，过去和现在都有无数的人面杜鹃被人哺育着。将来会怎样呢？莺虽然不能解答这个问题，人是应该解答而且能够解答的。

1936 年春

# 小麻猫

## 一

我素来是不大喜欢猫的。

原因是在很小的时候，有一天清早醒来，一伸手便抓着枕边的一小堆猫粪。

猫粪的那种怪酸味，已经是难闻的；让我的手抓着了，更使得我恶心。

但我现在，在生涯已经走过了半途的目前，却发生了一个心理转变。

## 二

重庆这座山城老鼠多而且大，有的朋友说："其大如象。"

去年暑间，我们住在金刚坡下面的时候，便买了一只小麻猫。

雾期到了，我们把它带进了城来。

小麻猫虽然稚小，却很矫健。

夜间关在房里，因为进出无路，它爱跳到窗棂上去，穿破纸窗出入。破了又糊，糊了又破，不知道费了多少事。但因它爱干净，捉鼠的本领也不弱，人反而迁就了它，在一个窗格上特别不糊纸，替它设下布帘。然而小麻猫却不喜欢从布帘出入，总爱破纸。

在城里相处了一个月，周围的鼠类已被肃清，而小麻猫突然不见了。

大家都觉得可惜，我也微微有些惜意：因为恨猫究竟没有恨老鼠厉害。

## 三

小麻猫失掉，隔不一星期光景，老鼠又猖獗了起来，只得又在城里花了十五块钱买了一只白花猫。

这只猫子颇臃肿，背是弓的。说是兔子倒像些，却又非常的濡滞。

这白花猫倒有一种特长，便是喜欢吃馒头，因此我们呼之为"北京人"。

"北京人"对于老鼠取的是互不侵犯主义。我甚至有点替它担心，怕的是老鼠有一天要不客气起来，竟会侵犯到它的身上去的。

## 四

就在我开始替"北京人"担心的时候，大约也就是小麻猫失掉后已经有一个月的光景，一天清早我下床后，小麻猫突然在我脚下缠绵起来了。

"啊，小麻猫回来了！它不知道是什么时候回来了的。"

家里人很高兴，小麻猫也很高兴，它差不多对于每一个人都要去缠绵一下，对于以前它睡过的地方也要去缠绵一下。

它是瘦了，颈上和背上都拴出了一条绳痕，左侧腹的毛烧黄了一大片。

使小麻猫受了这样委屈的一定是邻近的人家，拴了一月，以为可以解放了，但它一被解放，却又跑回了老家。

## 五

小麻猫虽然瘦了，威风却还在。它一回到老家来依然觉得自己是主人，把"北京人"看成了侵入者。

"北京人"起初和它也有点敌忾，但没几秒钟就败北了，反而怕起它来。

相处日久之后，小麻猫和"北京人"也和睦了，简直就跟兄弟一样——我说它们是兄弟，因为两只都是雄猫。

它们戏玩的时候，真是天真，相抱，相咬，相追逐，真比一对小人儿还要灵活。

就这样使那濡滞的"北京人"也活跃起来了，渐渐地失掉了它的兔形，即恢复了猫的原状。

跳窗的习惯，小麻猫依然是保存着的。经它这一领导，"北京人"也要跟着来，起先试练了多少次，便失败了多少次，不久公然也跳成功了。

三间居室的纸窗，被这两位选手跳进跳出，跳得大框小洞；冬风也和它们在比赛，实在有些应接不暇。

人是更会让步的，索性在各间居室的门脚下剜了一个方洞，以便于猫们进出。这事情我起初很不高兴，因为既不雅观，又不免依然替冷风开了路，不过我的抗议是在洞已剜成之后，自然是枉然的。

# 六

小麻猫回来之后，又相处了有一个月的光景，然而又失掉了。

但也奇怪，这一次大家似乎没有前一次那样地觉得可惜。

大约是因为它的回来是一种意外的收获，失掉也就只好听其自然了吧。

更好在"北京人"已被训练成为真正的猫，而不再是兔子了。

老鼠已经不再跋扈，这更减少了人们对于小麻猫的思慕。

小麻猫大概已被人带到很远很远的地方去了吧，它是怎么也不会回来的了。人们也偶尔淡淡地这样追忆，或谈说着。

# 七

可真是出人意料，小麻猫的再度失去已经六七十天了，山城一遇着晴天便已感觉着炎暑的五月，而它突然又回来了。

这次的回来是在晚上，因为相离得太久，对人已经略略有点胆怯。

但人们喜欢过望，特别地爱抚它。我呢？我是把几十年来对猫厌恶的心理，完全克服了。

我感觉着，我深切的感觉着：我接触着了自然的最美的一面。

我实在是受了感动。

回来时我们正在吃晚饭，我拈了一些肉皮来喂它，这假充鱼肚的肉皮，小麻猫也很喜欢吃。我把它的背脊抚摩了好些次。

我却发现了它的两只前腿的胁下都受了伤。前腿被人用麻绳之类的东西套着，把双方胁部的皮都套破了，伤口有两寸来长，深到使皮下的肉猩红地露出。

我真禁不住要对残忍无耻的两脚兽提出抗议。盗取别人的猫已经是罪恶，对于无抵抗的小动物加以这样无情的虐待，更是使人愤恨。

# 八

盗猫的断然是我们的邻居：因为小麻猫失去了两次都能够回来，就在这第二次的回来之后都不安定，接连有两晚上不见踪影，很可能是它把两处都当成了它的家。

今天是第二次回来的第四天了，此刻我看见它很平安地睡在我常坐的一个有坐褥的藤椅上，我不忍惊动它。

昨天晚上我看见它也是在家里的，大约它总不会再回到那虐待它的盗窟里去了吧。

# 九

我实在感触着了自然的最美的一面，我实在消除了我几十年来的厌猫的心理。

我也知道，食物的好坏一定有很大的关系，盗猫的人家一定吃得不大好，而我们吃的要比较好一些——至少时而有些假充鱼肚骗骗肠胃。

待遇的自由与否自然也有关系。

但我仍然感觉着，这里有令人感动的超乎物质的美存在。

猫子失了本不容易回来，小麻猫失了两次都回来了，而它那前次的依依，后次的怯，都是那么的通乎人性。而且——似乎更人性。

我现在很关心它，只希望它的伤早好，更希望它不要再被人捉去。

连"北京人"我也感觉着一样的可爱了。

我要平等地爱护它们，多多让它们吃些假充鱼肚。

1942 年 5 月 6 日

# 羊

几只黑色的山羊睡在一处山坡上。

一样的颜色，一样的循规蹈矩，一样的没有声音，一样的拉出一些黑色团子。

有什么变动吧，你用角来牴触我一下，我用角来牴触你一下。如此而已。

山坡上的草早就吃光了。有绳子拴着，圈子外的青草不能吃，也不敢吃。

没有水喝，只好舐舐彼此的口水或者尿水。有时又望望天，希望下点雨来。

牧羊人那儿去了？

不，你没听见他在划拳吗？他就在旁边的酒店子里面和朋友们闹酒。时而也有一些有盐味的残汤剩水泼下来，这是天上降下的甘露了。

有一只睡得近些的阉羊，得以舐到这种甘露。精神一焕发，也就得意地、但是单调地出几声，意思是说："更多些呀，让让大家均沾。"

它这样，便感觉着已经成为大众的喉舌。

1944 年 9 月 5 日

# 大象与苍蝇

林场里有一只大象，在辛勤地搬运木材。

不少的苍蝇无数次飞来干扰它，吮吸它身上的汗，甚至飞到它的眼角上去，飞到它的鼻孔边上去。大象只好扇扇耳朵。

当大象在休息的时候，苍蝇也飞来干扰，这时大象便用它的柔而长的鼻管去驱逐它们。

但驱逐也不抵事。驱逐了这一边的，又飞到另一边去了；驱逐了这一群，又飞来另一群。

大象的鼻管动得频繁了，终于打死了几只苍蝇。

于是苍蝇哗噪起来了。

你这暴徒，你使用了暴力，你妨碍了我们的自由，你干犯了我们的主权，你侵占了我们的领域……

侵占了你们的领域？还是请你们回茅坑里去吧！

哼，我们高兴到哪里，就到哪里，我们的领域是整个世界，我们从来不干犯人，今天遇到你的暴力，我们要惩罚你，我们的友军遍天下，霍乱菌、鼠疫菌、赤痢菌、破伤风菌……都是我们的支持者。我们要消灭你们，就和你们打一千年、一万年也好，总要把你们驱逐干净！

于是苍蝇的朋友们也哗噪起来了，它们的发言和苍蝇的差不多。

1962 年 11 月 4 日

# 山茶花

昨晚从山上回来,采了几串芡实、几簇秋楂、几枝蓓蕾着的山茶。

我把它们投插在一个铁壶里面,挂在壁间。

鲜红的楂子和嫩黄的芡实衬着浓碧的山茶叶——这是怎么也不能描画出的一种风味。

黑色的铁壶更和苔衣深厚的岩骨一样了。

今早刚从熟睡里醒来时,小小的一室中漾着一种清香的不知名的花气。

这是从什么地方吹来的呀?——

原来铁壶中投插着的山茶,竟开了四朵白色的鲜花!

啊,清秋活在我壶里了!

# 大山朴

"大山朴又开了一朵花啦！"

是八月中旬的一天清早，内子在开着窗户的时候，这样愉快地叫着。

我很惊异，连忙跑到她的身边，让眼睛随着她的指头看去，果然有一朵不甚大的洁白的花开在那幼树的中腰处的枝头。

大山朴这种植物，学名叫 Magnolia grandiflora，是属于木兰科的常绿乔木，据说原产地是北美。这种植物，在日本常见，我很喜欢它。我喜欢它那叶像枇杷而更滑泽，花像白莲而更芬芳。花，通常是在五六月间开的。花轮甚大，直径自五六寸至七八寸。

六年前买了一株树秧来种在庭前的空地里，树枝已经渐次长成了。在今年的五月下旬开过一朵直径八寸的处女花，曾给了我莫大的喜悦。

但是离开花时已经两月以上了，又突然开出了第二朵花来。

这的确是一种惊异。

我自己的童心也和那失了花时的花一样，又复活了。我赶快跑下园子去，想把那开着花的枝头挽下来细看，吟味那花的清香。

然而，不料我的手刚攀着树枝，用力并不猛，那开着花的枝，就从那着干处发出了咔嚓的一声！这一声，真好像一支箭，刺透了我的心。

我连忙把树枝撑着，不让它断折下来，一面又连忙地叫："树枝断了，赶快拿点绳子来吧！"

内子拿了一条细麻绳来，我用头把树枝顶着，把它套在干上。

内子又寻了一条布片来，敷上些软泥，把那伤处缠缚着了。

自己的心里有种说不出的懊悔。

"这样热的天气，这条枒梗怕一定会枯的。"我凄切地说。

但最初的惊异仍然从我的口中发出了声音来："为什么迟了两个月，又开出了这朵花呢？"隐隐有点迷信在我心中荡漾着，我疑是什么吉兆，花枝断了，吉兆也就破了。

"大约是因为树子嫩，这朵花的养分不足，故而失了花时。"内子这样平明地对我解说。

或许怕是吧。今年是特别热的，大约是三伏的暑气过于严烈，把这朵花压迫着了。好容易忍到交秋，又才突破了外压和它所憧憬着的阳光相见。

然而，可怜的这受了压迫而失了时的花，刚得到自行解放，便遭了我这个自私自利者的毒手！

1936 年 12 月 7 日

# 鸡　雏

　　七年前的春假，同学 C 君要回国的前一晚上，他提着一只大网篮来，送了我们四只鸡雏。

　　鸡雏是孵化后还不上一个月的，羽毛已渐渐长出了，都是纯黑的。四只中有一只很弱。C 君对我们说："这只很弱的怕会死，其余的三只是不妨事的。"

　　我们很感谢 C 君。那时候决心要好好保存着他的鸡雏，就如像我们保存着对他的记忆一样。

　　嗳，离了娘的鸡雏，真是十分可怜。它们还不十分知道辨别食物呢。因为没有母鸡的呼唤，不怕就把食物喂养它们，它们也不大肯进食。最可怜的是黄昏要来的时候，它们想睡了，但因为没有娘的抱护，便很凄切地只是一齐叫起来。听着它们那啾啾的声音，就好像在茫茫旷野之中听见迷路孤儿啼哭着的一样哀惨。啊，它们是在黑暗之前战栗着，是在恐怖之前战栗着。无边的黑暗之中，闪着几点渺小的生命的光，这是多么危险！

　　鸡雏养了四天，大约是 C 君回到了上海的时候了。很弱的一只忽然不见了。我们想，这怕是 C 君的预言中了罢？但我们四处寻觅它的尸骸，却始终寻不出。啊，消灭了。无边的黑暗之中消灭了一点微弱的光。

　　又到第六天上来，怕是 C 君回到他绍兴的故乡的时候了。午后，我们在楼上突然听见鸡雏的异样的叫声。急忙赶下楼来看时，看见只有两只鸡雏张皇飞遁着，还有一只又不见了。但我们仔细找寻时，这只鸡雏却才窒塞在厨房门前的鼠穴口上，颈管是咬断了的。我们到这时才知道老鼠会吃鸡雏，前回的一只不消说也是被老鼠衔去的了。一股凶恶的杀气满了我们小小的住居，我们的脆弱的灵魂隐隐受着震撼。

啊，消灭了，消灭了。无边的黑暗之中又消灭了一点微弱的光。

叹息了一阵，但也无法去起死回生。我们只好把剩下的两只鸡雏藏好在大网篮里，在上面还蒙上一张包单。我们以为这样总可以安全了，嗳，事变真出乎意外。当我们正在缓缓上楼，刚好走到楼门口的时候，又听着鸡雏的哀叫声了。一匹尺长的老鼠从网篮中跳了出来，鸡雏又被它咬死了一只。啊，这令人战栗的凶气！这令人战栗的杀机！我们都惊愕得不能说话了。在我们小小的住居之中，一只老鼠便制造出了一个恐怖时代！

啊，齿还齿，目还目，这场冤仇不能不报！

我们商量着，当下便去买了一只捕鼠的铁笼，还买了些"不要猫"的毒药。一只鸡腿被撕下来挂在铁笼的钩上了。我们把铁笼放在鼠穴旁边，把剩下的一只鸡雏随身带上楼去。

拨当！发机的一声惊人的响声！

哈哈！一只尺长的大鼠关在铁笼里面了，眼睛黑得亮晶晶地可怕，身上的毛色已经泛黄，好像鼬鼠一样。你这仓皇的罪囚！你这恐怖时代的张本人！毕竟也有登上断头台的时候！

啊，我那时的高兴，真是形容不出，离鸡雏之死不上两个钟头呢。

我把铁笼提到海边上去。海水是很平静的，团团的夕阳好像月光一样稳定在玫瑰色的薄霞里面。

我把罪囚浸在海里了，看它在水里苦闷。我心中的报仇欲满足到了高潮，我忍不住抿口而笑。真的，啊，真的！我们对于恶徒有什么慈悲的必要呢？那么可怜无告的孤儿，它杀了一只又杀一只，杀气的疯狂使人也生出了战栗。我们对于这样的恶徒有什么慈悲的必要呢？

老鼠死了，我把它抛到海心去了。恶徒的报应哟！我掉身回去，夕阳好像贺了我一杯喜酒，海水好像在替我奏着凯歌。

回到家来，女人已在厨中准备晚餐了。剩下的一只鸡雏只是啾啾地在她脚下盘绕。一只鹑形的母鸡，已经在厨里的一只角落上睡着了。

"真对不住 C 君呢。"我的女人幽幽地对我这样说。

"但也没法，这是超出乎力量以上的事情。"我说着走到井水旁边去洗起我的手。

"真的呢，那第二次真使我惊骇了，我们这屋子里就是现在也还充满着杀气。"

"我把那东西沉在海里的时候可真是高兴了。我的力量增加了百倍，我好像屠杀了一条毒龙。我起先看着它在水里苦闷，闷死了，我把它投到海心里去了。啊，老鼠这东西真可恶，要打坏地基，要偷吃米粮，要传播病菌，还要偷杀我们的鸡雏！……"

饭吃过后，我的女人在屋角的碗橱旁边做米团。

"毒药放进了吗？"

她低着声说，"不要大声，说穿了不灵。"

我看见她从橱中取出几粒绿幽幽的黄磷来放在米团的心里。那种吸血的凄光，令我也抖擞了一下。啊，凶暴的鼠辈哟，你们也要知道人的威力了！

第二天早晨，我下楼打开后面窗户的时候，看见那只鹑形的母鸡——死在后庭里面了。

"哦呀，这是怎么的！你昨晚上做的米团放在什么地方的呀？"

我的女人听见了我的叫声，赶着跑下了楼来。她也呆呆地看着死在庭里的母鸡。

"呀！"她惊呼着说，"厨房门还关得上好的，它怎么钻出来了呢？米团我是放在这廊沿下面的。"她说着俯身向廊下去看，我也俯下去了。廊下没有米团，却还横着一只死鼠。

"它究竟是怎么钻出来的呢？"我的女人还在惊讶着说。

我抬头望着厨房里的一堵面着后庭的窗子，窗子是开着的。

啊，谁个知道那堵导引光明的窗口，才是引到幽冥的死路呢！

我一手提着一只死鼠，一手提着一只死鸡，踏着晓露又向海边走去。路旁的野草是很青翠的，一滴滴的露珠在草叶上闪着霓虹的光彩，在我脚下零散。

海水退了潮了。砂岸恢复了人类未生以前的平莹，昨晚的一场屠杀没有留下一些儿踪影。

我把死鼠和死鸡迭次投下海里去了。

鸡身浮在水上。我想，这是很危险的事，万一邻近的渔人拾去吃了的时候呢！……

四月初间的海水冷得透人肌骨，但是在水里久了也不觉得了。我在水里凫着，想把死鸡的尸首拿回岸来。但我向前凫去，死鸡也随着波动迭向海心推移。死神好像在和我作弄的一样。我凫了一个大湾，绕到死鸡前面去，又才把它送回了岸来。上岸后，我冷得发抖，全身都起着鸡皮皱了。

我把那只死鸡埋在砂岸上了。舐岸的海声好像奏着葬歌，蒙在雾里的夕阳好像穿着丧服。

剩下的一只鸡雏太可怜了，终日只是啾啾地哀叫。

人在楼上的时候，它啾啾地寻上楼来。

人下楼去的时候，它又啾啾地从楼上跳下。

老鼠虽不敢再猖獗了，但是谁能保证不又有猫来把它衔去呢？不久之间春假已经过了。有一天晚上我从学校回家，唯一的一只鸡雏又不见了！啊，连这一只也不能保存了吗？待我问我的女人时，她才说："它叫得太可怜了，一出门去又觉得危险，没有法子，只得把它送了人，送给有鸡雏的邻家去了。"

心里觉得很对不住C君，但我也认为：这样的施舍要算是最好的办法了。

# 我是中国人

## 一

在东京桥区的警察局里，被拘留到第三天上来了。

清早，照例被放出牢房来盥洗之后，看守人却把我关进另一间牢房里去了。是在斜对过的一边，房间可有两倍大。一个人单独地关在这儿，于是便和秃松分离了。这给了我一个很大的精神上的突击。我顿然感觉着比初进拘留所时还要抑郁。

和秃松同住了一天两夜，他在无形之中成为我的一个支柱。白天他鼓励我，要我吃，要我运动，务必要把精神振作起来，免得生病。晚上他又关心到我的睡眠，替我铺毯子，盖毯子，差不多是无微不至的。

他真是泰然得很，他自己就跟住在家里的一样。有他这样的泰然放在身边，已经就是一个慰藉，更何况他还那样的亲切，那样的善良。我对于他始终是怀着惊异的，怎么会有这样的人呢？然而竟公然有这样的人。

我憎恨着那个看守。那是像一株黄桷树一样的壮汉，把我和秃松分开了。是出于他的任意的调度，还是出于有心的惩罚呢？同住在一道的时候，秃松是喜欢说话的，而我的耳朵又聋，因此时时受着看守的虎声虎气的干涉。大约就为了这，那株坏材便认真作起威福来了吧？不管怎样，这对于我的确是精神的一个打击。

房间已经够大了，一个人被关着，却显得更大。但这儿却一点儿也不空洞。虽然四面是围墙，除我一个人而外什么也没有，但这儿是一点也不空洞的。那四围的墙壁上不是充满着人间的愤怒、抑郁、幽怨、号叫吗？那儿刻满着字画，有激越的革命口号，有思念家人的俳句，有向爱人诉苦的抒情诗，有被幽囚者的日历。那些先住者们不知道是用什么工具刻划上去的，刻得那么深，那么有力！

盘旋，盘旋，盘旋，顺着走过去，逆着走过来，我成了一只铁栏里的野兽，只是在牢房里兜圈子。偶尔也负嵎，在草席上胡坐一下，但镇静不了好一会，又只好起来盘旋着……

上午十时左右，看守来开门了："喂，出来！"他向我吼了一声，我出了牢门。照例又在看守处把裤带、衣扣、钱包等交还了我。我明白我又要被放出去晾一下了；过了一会，依然会被关还原处的。

走出拘留所后，同样被一位武装警察，把我带着上楼，进了审问过我两次的那间会议室。这次却有四个人在等着我。那位袁世凯坐在长桌的一头，旁边坐着从市川押解我来的那条壮汉。另外，又添了两个人：一个有点像朝鲜人，我记得是他最初踏上了我市川寓里的居室的，他和壮汉同坐在一边；另一个是第一次见面，瘦削得跟猴子一样，他却隔离着坐在对面通侧室的门次。

依然是袁世凯的那一位主讯。问的还是前两次的那些话。他手里有着一张纪录，要我阅读一遍，又问我有没有错误。我阅读了，承认没有错误。他要我签个字在旁边，我签了。他又要我打一个指印，我也打了。于是他指着那位瘦猴子说："这位是司法主任，他要给你照几张相片，回头还有话给你说。"

于是那司法主任按壁上的叫铃，又有武装警察进来了，他吩咐带我去照相。我起来走动着，四位也跟着我走。走到了楼下的一间光线很充足的房里，司法主任用一张白纸写上了我的名字，要拿来别在我的胸上。我拒绝了。我说："对不住，我并不是犯人。"猴子脸痉挛了一下，准备发作，袁世凯却来缓颊："不要紧的，可以折中办理，把这纸条贴在这椅背上，不要别在胸上。"我想，这不还是一样吗？但你不让他照吧，他也有办法把你的名字写在胶片上的，我也就随他去了。照了正面，照了左右两侧面，又照了背面，一共四张。照得竟这样周到！这是什么意义呢？已经把我关着了，难道还怕我逃跑的吗？我在这样想着。

相照好了，又把我带上楼，又进了会议室。这次的袁世凯却和颜悦色地向我说起话来了："今天你可以回家了，但在走之前，司法主任要给你讲话。"

这一突然的宣告，使我出乎意外，就这样便放我出去了吗？我心里明白，一定是安娜在外边的奔走收到了效果。但我心里却也没有感受着怎样的快活。照相的意思，我到这时候也才完全明了了。原来是想把我释放进更大范围的监视里去。

猴子开始说话了，俨乎其神的一个"训饬"的样子。这是我后来才知道的，凡是被检束或拘留的人，在被释放的时候，要被司法主任严烈地"训饬"一顿。

他说："本来是打算更挫折你一下的，但念你有病。"他插问我一句："你不是头痛吗？"我倒把这件事情忘了，起初被抓来时，的确是在头痛的，但关了两天两夜，头痛倒老早忘记了。"因此提前释放你。（好家伙，你完全把我当成罪犯！）但你要明白，日本警察是不好惹的。你在我国做一位客人，要做一位循规蹈矩的客人，我们会保护你和你的眷属。假如你有什么不轨的企图，我们随时可以剥夺你的自由，甚至你的生命！（好家伙，你有杀人的本领！）好，你是一个知识分子，一切事情你自己应该明白，多余的话，我也不必向你说了。"

这样经了一番"训饬"之后，案件表示结束了。我便向袁世凯发问："我是不是就可以走？"

"不，不要着急啦，还要请你吃中饭。"袁世凯更加和颜悦色地说，他倒在窗下的一个沙发上去了。

其余的也跟着解除了精神上的武装，和我开始漫谈起来。

原来那位像朝鲜人的，懂得几句中国话，在外事课中要算是"中国通"，为了奉命调查我的下落，他足足苦了半年。警视厅晓得我是到了日本，但不晓得我住在什么地方。他们也怀疑到吴诚就是我，因为那位到东京考查教育的吴诚，一从神户登陆之后，便失掉了去向。他们甚至打过电报到南昌大学去询问。"中国通"不胜惊异地说："真是稀奇得很！那边回电报来说，有这位教授吴诚。"这自然是出乎意外的巧合，我当初用这个假名的时候，的确是随意捏造的。"中国通"提到了仿吾给我的那封长信来，那信果然被他们检查了去，他为翻译那封长信，弄得两晚上没有睡觉。我到这时又算弄明白了一件事，就是这家伙的中文程度太蹩脚，使我在拘留所里多住了一天一夜。

"中国通"从他的提包里面把信拿了出来，红笔蓝笔勾涂满纸，但有好些地方他依然不懂。他要我讲解，我给他讲解了。日本人对于中国的文言文是比较容易领会的，因为他们积了一千年的经验，有他们的一套办法，读破我们的文言文。但他们拿着白话文便感棘手，很平常的话，都要弄得莫明其妙。那封信，"中国通"说，他们要留下来做参考，希望我送给他们。这分明是强盗的仁义，我也慷慨地答应了。我想，假使东京的警视厅没有被炸毁，那封信或许到今天，都还被保存在他们的档案里的吧？

端了两碗日本面来，是一种没有卤的粗条面，他们叫着"乌东"，汉字是写成"馄饨"的。我草率地吃了，我道谢了他们。这次可该我走了。我问他们："是不是还要送我回市川？"那位押解我来的壮汉说："不了，你的地理不是很熟态的吗？"我明白他的话里面是有意义的，但我没有再多说话，我动身走了。

那是阴郁的一天，走出了警局的大门，我看着一天的阴郁，而这阴郁差不多是透彻着我的内心的。我自己很明白，我只是从一间窄的牢房被移进宽的牢房，从一座小的监狱被移进大的监狱。但我背后却留下了一样东西，那便是在拘留所中和我同住了一天两夜的秃松。我没有办法去向他告别，我很感觉遗憾。他以后在拘留所里面不会再看见我，我相信他一定会替我高兴，他会以为我是得到"自由"了。他是泰然的，但我能泰然吗？可惜我的旁边失掉了这样的一个泰然，而且是永远失掉了！

站在这警察局的门外，踌躇了好一会，我看定确实也没有什么人跟我，我便踱过街去。

京华堂就在斜对面的街上，我踱进那店里，打算去打听小原荣次郎的情形。我在这儿又看见了鲁迅写的那首诗：

椒焚桂折佳人老，独托幽岩展素心。

岂惜芳心遗远者？故乡如醉有荆榛。


那是一幅小中堂，嵌在玻璃匣里面，静静地悬挂在账台旁边的壁上。小原老板娘出来了，态度很冷淡，而且有点不耐烦。我问小原，她说上半天才放出来，洗了澡，吃了中饭，在睡午觉。接着就开始了她的唠叨。但她使我弄明白了，原来火头就是小原。小原时常跑上海办货，因为有走私的嫌疑，受了警察的搜查，而在他那里，却发觉了他和我有往来，因此便受了两倍的嫌疑，而被拘留了。他被拘留了五天，要多我两天。这多了的两天是东京警视厅对我的暗访，和他们行文到市川警察局，正式会同拿捕，所费掉了的。在我被抓前两天的中午时分，有几个刑士样的人，曾在我住宅周围盘旋过，那一个疑团到这时也才冰释了。

老板娘很直率，她明白地说："小原在埋怨你，要你以后不要再由我们这里兑款子了。"小原在北伐期中曾经到过广州，那时他替安娜们照过一些相片，老板娘也取了出来交给我。她说："小原说的，打算给你们寄来，我现在就亲手交给你了。"我知道，他们是要乐得一个干净，免得将来再惹是生非的。我道了歉，并道了谢。但我揣想：恐怕老板娘还不知道我也被拘留了三天，我便告诉了她。她说："是的，我知道的。小原看见了你，也听见局里面的人说。"

于是我就像一只落水鸡一样离开了京华堂。想到村松梢风也可能是受了连累的，便乘电车到骚人社去。果然，他那一间在楼上临街的编辑室，坐满了客人，都是来慰问他的。"骚人"另外显示了一个新的意义，便是骚攘不宁的人了。村松完全失掉了他那委婉持重的常态，非常兴奋地在向着客人们诉说他的经过。

原来在我被抓的那一天傍晚，他的编辑所也被搜查了。村松当时不在家，他的太太便被抓去做了人质。第二天清早村松自行去投局，才把太太换了回来。他们更不幸的是被拘留在神田区的警察局，便是秃松所说的"最下等的地方"。一间牢房里拘留着二十来往个人，村松和他的太太，各个在那样的猪圈里挤着坐了一夜。村松是在午前释放出来的。

村松和他的夫人对于我的态度都忽然陌生起来了，他们的怨恨似乎都集中到了我的身上，在座的客人都以异样的眼光看我。我感觉着我的周身时而在作寒作冷。这真是有趣，我是拿着中国钱到日本来过生活的，我犯了你日本什么呢？白白地关了我三天，受了无穷的侮辱，但谁也没有向我道过一声歉，仿佛我是罪有应得，而且我还自不知趣，跑来连累了别人。我知道，我是被眼前的人们视为瘟神了。

好吧，我就知趣一些！我匆匆地，差不多等于狼狈地，又从骚人社告辞了出来。我很想往品川去看看斋藤家的悄形，但我再没有多余的勇气了。几天来的疲倦，一齐冲集了上来，脑子突然痛得像要炸裂。满街的日本人看来都像是刑士。我没有胆量去坐电车，我受不了那满电车的刑士的眼光。于是我在街头任意雇了一乘圆托，闭着眼睛便一直让它驶回了市川的寓所。

# 二

回到市川已经是傍晚时分了。家中的一切和往常一样，小的一个女孩子，照样地欢呼着跑来拥抱着我。因为她的母亲瞒着了她，她竟以为我是去旅行了回来，看见我没有带回些土产，倒表示了小小的失望。

安娜告诉我，我去东京后，以为当天晚上便可以回来的，没想到竟没有回来。第二天她才邀请横田兵左卫门同往东京，去访问那思想检事平田熏。据平田的表示也是没有问题的，很快就可以回家。她到品川去过，斋藤家算没有受波及，虽然有人去调查过，但没有拘留他们。市川的警察局很客气，他们对于东京警察的越俎代庖，抱着不平。横田家也是安然无恙的。

这些对于我当然是很大的安慰，我为表示我的歉意和谢意，便和安娜一道去访问横田。

横田还是那样豁落着一双眼睛，把手罩在嘴前面说话，但他也好像有点从梦里醒来的样子。他抱歉而又似乎讽刺地说，他的翅膀太小了，掩护不了我这个"鸵鸟蛋"。他是这样比譬我，在他或许是出于恭维，而在我却是感着了侮辱。然而他也尽了他的至善，倒是事实，我自然是感谢着他的。他又说："也好，一切都扯开了，以后不会再有问题了。"

是的，也好，以后还会有什么问题呢？我的行动以后一直是受着了两重的监视：一重是刑士，一重是宪兵。但事实上还不仅止这两重，而是在这两重之外，还有重重的非刑士、非宪兵的日本人的眼睛，眼睛，眼睛！

周围的空气的确是变了，邻人们都闪着戒备而轻视的眼光。那对于我倒还比较简单，对于安娜是应该更复杂的了。那分明是在说："你太不自爱，以一个日本女人，而嫁给中国人做老婆。"

这是使人受不了的。因此我们便决定搬家，特别是安娜，搬家的心异常迫切。

当然我们也不能搬得太远，而且也不好搬出市川。就在真间区的北部有一带浅山，名叫真间山（Mamayama）。那山上有一座佛寺，有茂盛的松林，也有可供眺望的一座亭子。我是时常带着孩子们到那儿去散步的。从那亭子上可以俯瞰市川的市容，遥望江户川的上下游和彼岸的东京郊外。就在那山脚下不远处，在供奉着女神"手儿奈"（Tekona）的神社旁边，我们找着了一间新造不久的房子，从地位、大小、房金来说，都使我们相当满意。在我从东京回来，不出十天光景，我们便搬到这儿来了。

这是一座相当僻静的家。它有一间书房，一间正室，一间侧室，附有玄关间、厨房和浴室。背着真间山，坐北向南。屋前有一条甬道，东西横贯。东头是大门，西头是一区水井地带。以短短的栅栏隔出后门，和外面的一带小小的死巷相通。经过那死巷可以通往街道。那便是北通真间山、南通市川镇的大道了。大门倒是向田野开放着的，隔不两家便是田畴了。大门内有一片园地，只在篱栅边种了些樱花树和夹竹桃之类，地面空旷着，在等待着居住的人把它辟成花园或者菜圃。这园地在房屋的东头，可接受全面的阳光，小小的书斋便是面临着这片园地的。书斋在东南两面开窗，窗外有回栏可凭眺，的确是可以够得上称为小巧玲珑。小巧处呢？是在它只有四席半的容积。我特别喜欢这书斋，我的那套三部曲：《中国古代社会研究》《甲骨文字研究》《殷周青铜器铭文研究》，主要地就是在这儿写出的。

读过我《中国古代社会研究》的人，应该还记得那里面有一篇《周金中的社会史观》吧？那是就周代的金文来研究周代的社会的。在那文章后面有这样的一行标注："一九二九年十一月七日夜，一个人在斗室之中，心里纪念着一件事情。"所说的"斗室"便是这座书斋了。心里所纪念着的是什么事情呢？那是和"十一月七日"那个日子有关联的十月革命。在三年前，我在武昌筹备纪念这个日子，就在当天晚上，奉命往九江、南昌一带去做工作。那些情形是活鲜鲜地在我脑中显现着的。

读过我《甲骨文字研究》的人，应该还记得那里面有一篇《释支干》吧？那书是我用毛笔写出来石印的。在那《释支干》里面有一段的字迹特别写得粗大（第三十九页），那也是我坐在这斗室里面，发着高烧，所力疾写出的痕迹了。当时因为昼夜兼勤的研究，昼夜兼勤地写，不幸着了寒，便发出了高烧。文字愈写愈大，结果终竟不能支持，睡倒下去了。

像这些往事，就在目前回想起来，都还感觉着颇有回味。还有好些往事是和这书斋、和这家，是有关的，因而我至今还忆念着这座书斋和这座家。

但这座家也有一点相当大的缺陷。在家的正南面是一家有钱人家的后园，有一间很高的仓库，劈面地立在玄关前面。这样，在冬天便把太阳光完全挡着了，而在夏天呢又要挡着南风。这便使住居的人，冬不暖而夏不凉。这所意味的缺陷是怎样大，在有多数儿女的母亲是特别感受着的。

不过在我倒满不在乎。尽管冬不暖，总冷不过零度以下的西伯利亚，夏不凉，也总热不过赤道地方，而在我却有宁愿住在西伯利亚或赤道地方的苦境。

初到市川的时候，因为向警察和市政当局打过招呼，他们倒委实宽大，对我的戒备是很松泛的。自从东京警察拘留过我一次之后，他们却把我当成为"巨头"了，于是便特别增设了一位刑士来专门管我。我要到东京去他总是跟着我的。待在家里的时候，隔不两天，他便要来拜访，扭着谈些不相干的话，消耗你半个钟头光景，他又各自走了。时间虽然只有半个钟头，但他留下的不愉快，至少可有你半天。

但这刑士的监视倒还比较容易忍受：因为他还比较讲礼。刑士来拜访的时候，总还走前门来，在玄关门口打着招呼。你理也好，不理也好，他是不敢上你的居室的。他的目的，只在看你的动静，看你是不是在家。只要这目的达到，在他便算尽了责任。有时有初来接任的刑士，恭敬的礼貌每每还要出乎你的意想之外。凡是在这新旧交替的时候，旧的刑士要把新的刑士带来见面，那新来者因为是才从乡下来，没有见过大世面，他听说我是"巨头"，自然就愈见要毕恭毕敬了。日本人的平常用语和称谓，尊卑之间是大有分别的。同样意义的话，说得愈长，用的字眼愈复杂，便愈显示对人的恭敬和自视的谦卑。称谓呢，同样的一个你字吧，便有好多种。对于有官阶的人，文官自简任以上，武官自少将以上，便一律称为"阁下"了。我因为在政治部做工作的时候，曾领受过中将衔，他们便以为我是真正的武官，照例也就以"阁下"称我。在我虽然感觉着难堪，而在他们也倒是习惯成自然的。

有一次横田告诉我，乡下的刑士对中央的要犯是特别尊敬的。因为怕出了岔子，他自己的饭碗要打破。他叫我不妨试一试：凡有刑士跟你的时候，你可以把你的提包交给他，他会给你提的。因为那样他可放心你不会跑，而你当然也就算是得到一位义务跟班了。我照着这话试过，果然没有遭到拒绝。

又有一次，有初来的刑士来拜访，谈话间他客客气气地问我："阁下，你的部下还有多少人啦？"

他自然是视我如同国内的一班军阀，自己虽然亡命在外，而每每有残留部队在国内的。我和他开玩笑，便举出了四个指头。我的意思是说，我有四个儿女。（我当时是只有四个儿女的。）

"那不得了啦！"刑士吃惊地说："四万人吗？那可要很大一笔数目来办给养啦！"

我心里好笑，但也随他去吧，就让他把我看成为四万人的头领。

这刑士的监视委实是比较容易受的，但最难忍耐的就是日本宪兵。

市川是大东京东面的桥头堡垒，虽然是一个小市镇，但有一个师团在镇守着。师部就在真间山的背后，有很大的一个练兵场，步、骑、炮、工、交通、轻重各种兵种都有。时常看见他们在操练，或整日地用大炮起轰。因此，在市川也有一个宪兵营驻扎着。我初来的时候，和宪兵没有关系，没有去打招呼。住了半年，他们也不曾注意过我。但自从我被拘留过一次之后，他们也把我作为监视的对象了。

我们一搬到了这新居来，凑巧地也就添上了这新的监视。这新来者却异常横暴。那是一位宪兵中士，往常在街头可以偶尔看见的，他便成为我的主顾。开头差不多天天来，全不打招呼，从那死巷里一直闯进后门，打从那甬道又一直走出前门。这是犯了家屋侵入罪的。在他们日本的国法上是不允许的事情，然而那闯入者却大摇大摆地行其所无事。在不知第几次了，是一天星期的上午，我正在走廊上坐着看报，那侵入者又来了，我忍耐不过，干涉了他。他索性从那甬道跨过短栅，跨上了正屋来。

"怎么样，他咆哮着。我是奉命看管你的！"

"岂有此理！你管不着我！"我也咆哮起来了："你犯了你们的国法！"

"哼，你是中国人，我们的国法不是为'枪果老'（日本人对中国人的恶称）设的。你有胆量就回你的中国去，我却有胆量就在你中国境内也要横行，你把我怎么样？"

我的脑袋子快要炸裂了。他确实是在中国境内也可以横行的人；而我自己呢，连祖国都不能见容，我能把他怎么样呢？

安娜来解围了。她端着茶，并还把预备给孩子们吃的糖点送来奉献，我各自退进我的斗室里去了。隔着纸窗，听见她在向那宪兵中士款待。

"我的先生近来神经受了刺激，容易兴奋，请你不要介意。"接着又说："你来看我们是很欢迎的，刑士先生们也时常来，但请以后不要客气，从正门进来好了。"

低首下心地说得很委婉，但幸好也还有些骨子在那里面。那宪兵吞吞吐吐地回答了一些，也各自走了。听那脚步声，是还有余怒未泄，在向我示威。

经过这一次的咆哮，倒也有些收获。那位中士后来不见来了，另外换了一个。每逢来时，也从正门进来，打着招呼了。但他会随意跨过短栅，坐到回廊上来。

这也是这座新居留给我的一个极深刻的记忆。我只要一回想到它，那些宪兵们的身影，便要浮现出来。他们始终是穿着马裤的，脚上套着一双黑皮的长统马靴。有一个时期，我只要一看见那种长筒马靴，我的神经就要发生作用，就仿佛有这种马靴在我头上践踏的一样。但我应该感谢这种马靴，我应该感谢那条死巷，我应该感谢那样位置着可以任人穿堂而过的家，是它们凑积起来，构成了一个机会，让日本帝国主义的横暴，虽是小规模、而却十分形象化地对我表演着。这所给予我的反应，是永远不能模棱下去的，它使我不能忘记：我是中国人！

## 三

在八月初，我研究《易经》的时候只费了一个星期，接着我又研究起《诗经》和《书经》来了。这回却费了半个月。在我把《读书时代的社会变革与其思想上的反映》的初稿写好之后，我便踌躇起来了。读过我的《中国古代社会研究》的人，请把关于诗书研究的那一篇的末尾翻出来看看吧。那儿是这样写着的："一九二八年八月二十五日初稿，十月二十五日改作。"初稿的写出至改作足足隔了两个整月，这所表示的是什么呢？这表示着在我的研究程序上，起了一个大转变。

首先我对于我所研究的资料开始怀疑起来了。《易经》果真是殷、周之际的产物吗？在那样的时代，何以便能有辩证式的形而上学的宇宙观，而且和《诗》《书》中所表现的主要是人格神的支配观念，竟那样不同？《诗经》的时代果真如《毛传》或《朱注》所规拟的那样吗？他们究竟有什么确实的根据？《诗经》不是经过删改的吗？如是经过删改，怎么能够代表它本来的时代？《书经》我虽然知道有今文和古文的分别，在今文中，我虽然知道《虞书》《夏书》的不足信，但《商》《周》诸篇，也是经过历代的传抄翻刻而来的，它们已经不是本来面目。这同样的理由，对于《易经》和《诗经》也是适用的。毫厘之差可以致千里之谬，我们纵使可以相信《易》《书》《诗》是先秦典籍，但它们已经失真，那是可以断言的。因此要论中国的古代，单根据它们来作为研究资料，那在出发点上便已经有了问题。材料不真，时代不明，笼统地研究下去，所得的结果，难道还能够正确吗？

再次，我的初期的研究方法，毫无讳言，是犯了公式主义的毛病的。我是差不多死死地把唯物史观的公式，往古代的资料上套，而我所据的资料，又是那么有问题的东西。我这样所得出的结论，不仅不能够赢得自信，而且资料的不正确，还可以影响到方法上的正确。尽管我根据的公式是确切不移的真理，但我如果把球体的公式拿来算圆面，岂不会弄出相隔天渊的结果来？别人见到这结论的错误，粗率一点的，岂不会怀疑到球体公式的无稽？而这个公式的正确与否，事实上我在我所根据的资料中也还没有得到实证。那么，我的努力岂不是拿着一个银样镴枪头在和空气作战吗？

我踌躇了，我因而失掉了当初的一鼓作气的盲动力。但我也并没有失望，我把我自己的追求，首先转移到了资料选择上来，我想要找寻第一手的资料，例如考古发掘所得的，没有经过后世的影响，而确确实实足以代表古代的那种东西。这样的东西，在科学进步的国家是很容易得到的，但在我们中国，却真是凤毛麟角了。我在这时回忆到了一九一六年前后。那时我在冈山第六高等学校肄业，在学校图书馆的目录里面，曾经看见过罗振玉编著的《殷墟书契》那样的名目。我虽然不曾取来看过，但我猜想它会是关于古代的东西。我就凭着这一点线索，有一次（大约就在八月尾和九月初）便往东京上野图书馆去查考。

上野图书馆的藏书是相当丰富的，但专门书籍却很少。可我很幸运，就在目录里面却查出了有《殷墟书契前编》，而我便立地借阅了。一函有布套的四本厚厚的线装书，珂罗版印，相当讲究。书的内容，除掉书前编著者罗振玉的一篇简略的序文之外，纯粹是一些拓片。我虽然弄明白了那是安阳出土的甲骨文字，而出土地小屯在洹水之南，根据《史记·项羽本纪》知道是殷朝的废墟，所以这些文字便是殷代的遗物了。但那毫无考释的一些拓片，除掉有些白色的线纹，我也可以断定是文字之外，差不多是一片墨黑。

然而资料毕竟是找着了，问题我得读破它，利用它，打开它的秘密。我这个进一步的要求，不能由上野图书馆来得到满足，它除了有这一部《前编》而外，其他同样性质的东西什么也没有。

于是我又想到了可以问津的第二个门路。一九一四年我初到日本，在东京本乡第一高等学校读预科的时候，曾经有朋友引我到附近的一座专卖中国古书的书店里去过。我记得那书店的名字叫文求堂。那书店有一个特色，是它有一个书房可以让买书的人去休息，看书，店员还要向你进茶。那时因为我准备研究医药，和中国书没缘，后来也不住在东京，我也就只去过那么一两次。现在我对于它感觉着迫切的需要了。我往本乡区去找寻它。它就在本乡一丁目，离上野图书馆不很远，门面已经完全改观了。在前仿佛只是矮塌的日本式的木造平房，而今却变成黑色大理石的三层楼的西式建筑了。屋脊和大门顶上都点缀着一些中国式的装饰，看来有些异样，仿佛中国的当铺。

卖的中国书真是多。两壁高齐屋顶的书架上塞满着书，大都是线装的。两旁的书摊和一些小书架上也堆满着书，大都是洋装的。靠后左边是账台，右边横放着一张餐桌，备顾客坐息。后壁正中有一道通往内室的门，在那两侧有玻璃书橱，也装满着书。这书橱里的书，大都是一些线装影印的比较珍贵的典籍了。

店主人姓田中，名叫庆大郎，字叫子祥，把文求堂三字合并起来作为自己的别号，也叫着救堂。（这是有点类似于儿戏，实际上救字并不是"文求"二字的合书。）年龄在五十以上。他是连小学都没有毕业的，但他对于中国的版本却有丰富的知识，在这一方面他可远远超过了一些大学教授和专家。他年轻时候曾经到过北京，就全靠买卖上的经验，他获得了他的地位和产业。大约在日本人中，但凡研究中国学问的人，没有人不知道这位田中救堂；恰如在上海，但凡研究日本学问的中国人，没有人不知道内山完造的那样。我在当天走进这文求堂的时候，就在那餐桌后面，发现了一位中等身材的五十以上的人。没有什么血色的面孔作三角形，两耳稍稍向外坦出，看来是经过一种日本式的封建趣味所洗练过的，那便是这位书店老板了。

我去向他请教，问他有没有研究"殷墟书契"的入门书。他说有的。立地便从一处书架上取下两本书来，递给我。

那是淡蓝色封面的两本线装书，书名叫着《殷墟书契考释》，是天津石印的增订本。我翻开了书的内容一看，看见那研究的项目，秩序井然，而且附有字汇的考释，正是我所急于需要的东西。价钱呢？要十二元。在当时这绝不是菲薄的数目，而我自己的身上却只有六元多钱在腰包里。我便向老板提议："好不好让我把六元钱做抵押，把书借回去看一两天？"

书店老板踌躇了一下，委婉地拒绝了。但值得感谢的他却告诉了我一个更好的门路。他告诉我："要看这一类的书，小石川区的东洋文库应有尽有。你只要有人介绍，便可以随时去阅览的。那东洋文库的主任是石田干之助，和藤村成吉是同期生啦。"

真的，我真是感谢他这个宝贵的指示。他虽然没有慷慨地借书给我，但我是不能怪他的。因为那时候他不认识我，我也不认识他。我以一个陌生的外国人而向他提出了那样的请求，倒是唐突得未免太不近情理了。

我照着他的指示进行了。靠一位相识的新闻记者川上（Kawakami）的帮助，一同去拜访藤村。藤村在我们中国人中是有名的，他是日本文坛上的左翼作家，他和我有过师弟的关系。在冈山六高时代，他教过我一年的德文。藤村很恳挚地欢迎着我，介绍信不用说毫不推辞地便替我写了。我那时还没有公开地使用自己的本名，川上却把他自己在中国时所使用过的假名林守仁，又让我假上了。

东洋文库是日本财阀三轮系的私人图书馆，它是属于川琦家的。川琦两兄弟，兄的一位购买了丽宋楼的宋版书，成立了静嘉堂文库；弟的一位购买了曾充袁世凯顾问的莫理逊的藏书，而成立东洋文库。兄弟两人，隐隐是东京学术界的保护者。莫理逊的藏书本偏于近代欧美人研究东方的著作，归入东洋文库以后，又添置了不少的新旧书籍。关于中国的地方志书、县志、府志之类的搜集，据说也是相当丰富的。

文库在小石川区的一条比较僻静的街上，三层楼的建筑，相当宏大。以白鸟库吉博士为主帅的日本学者中的东京学派，是以这儿为大本营。白鸟本人（他便是法西斯外交官白鸟某的父亲）除在东京帝大担任教授之外，在这儿有他的研究室，经常住在这儿的三楼。他的下边的一群学者，大多是受了法兰西学派的影响，而又充分发泄着帝国主义的臭味的。对于中国的古典没有什么坚实的根底，而好作放诞不经的怪论。有一位著名的饭田忠夫博士，便是这种人的代表。他坚决主张中国人是没有固有文化的，所有先秦古典，一律都是后人假造。中国的古代文化，特别关于星算之类，是西纪前三三四年（战国中叶）亚历山德大王东征之后才由西方输入的。因此凡是古文献中有干支之类的文字，在他认为尽都是后人的假托。甲骨文和金文里面的干支文字极多，而这些东西都是在西纪前三三四年之前，不用说也就都是假造的东西了。这样的论调与其说是学术研究，宁可说是帝国主义的军号。东京学派的人大抵上是倾向于这一主张的，因而他们对于清乾嘉以来的成绩，不仅不重视而且藐视。关于甲骨文和金文之类，自然也就要被看成等于复瓿的东西了。

我所要研究的正是他们所藐视的范围。因此，我在人事方面，除掉那位主任石田干之助之外，毫无个人的接触。而在资料方面，更是河水不犯井水。在那文库里面所搜藏着的丰富的甲骨文和金文，便全部归我一个人独揽了。

一个事情看起来好像很艰难，只要你有决心，干起来倒也很容易。在当初，我第一次接触甲骨文字时，那样一片墨黑的东西，但一找到门径，差不多只有一两天工夫，便完全解除了它的秘密。这倒也并不是我一个人有什么了不起的本领，而我是应该向一位替我们把门径开辟出来了的大师，表示虔诚的谢意的。大师是谁呢？就是一九一七牛当北伐军进展到河南候，在北平跳水死了的那位王国维了。

王国维的存在，我本来早就知道。在他生前，我读过他的一部《宋元戏曲考》，虽然佩服他的治学方法的坚实和创获的丰富，但并没有去追求过他的全部。他在中国古代史上，在甲骨文字的解释上，竟已经建树了那样划时代的不朽的伟业，我是一点也不知道的。读到了《殷墟书契考释》，对于他的感佩又更加深化了。那书的一首一尾都有他做的序，不仅内容充实，前所未有，而文笔美畅，声光灿然，真正是令人神往。再有是这《殷墟书契考释》在文库所藏的是初版（一九一五年），是王国维手写影印的，和增订版略有不同。当我读到这初版的时候，我不禁起了这样的怀疑：这样的有条理、极合乎科学律令的书，会是罗振玉的著作吗？它的真正的作者不可能就是王国维吗？罗振玉自己曾经写过一本小册子《殷商贞卜文字考》（一九一〇年），相隔仅仅五年，而两书之间是丝毫也找不出条贯性来的。这个怀疑不久我便证实了，原来是罗振玉花了三百元，买了王国维的著作权并著作者的名誉。

王国维家贫，在早年曾受罗振玉的资助和提掇，他们之间便发生了密切的关系。辛亥革命之后，罗以清朝遗老的资格逃亡日本，王国维成了他的同路人。他们同住在京都。（日本的旧都，和东京对言亦称为西京。）在这儿住了三年，《殷墟书契前编》

和《考释》的编印，都是在这期间完成的。王国维把自己的著作、名誉卖给了罗振玉，明显是出于报恩，而这位盗窃名义的文化贩子罗振玉，到后来竟逼得王国维跳水。（王之死，实际是出于罗之逼，学术界中皆能道之。）罗更参加了伪满洲国，那倒是有他的一贯之道的了。

王国维在东京学派的那一群人中，虽然不甚被重视，但和东京学派对立的西京学派，却是把他当成为一位导师在崇拜着的。他们有着一个"观堂学会"，每年五月三日王国维的忌辰，是要开会纪念的。那态度似乎比国内的王氏弟子们还要来得虔诚。这也是理所当然的事。日本的西京学派事实上是在王国维的影响之下茁壮了起来的，他们的成就委实是在东京学派的霸徒们之上。这一派的领袖是内藤湖南和狩野君山，他们和王国维都有过密切的交游。《观堂集林》（卷二十四）里面有好些诗是叙述着这些往事的。请看那《送日本狩野博士游欧洲》的一首吧，一开首便说"君山博士今儒宗，亭亭崛立东海东……自言读书知求是，但有心印无雷同"，可见作者对于狩野的相当器重。中间又说到"卜居爱住春明坊，择邻且近鹿门子，商量旧学加邃密，倾倒新知无穷已"，春明坊便是王国维在京都的住处，他们彼此之间在学术上的接触，在这诗里是坦白地陈述着的。再请看他那《海上送日本内藤博士》一首吧，那是王国维回上海之后，在内藤湖南到中国来游历时做来送他的诗。中间叙述到在京都时钻研《卜辞》和有所收获的情形，而称许了内藤对于王氏学说的推挽，所谓"多君前后相邪许，太丘沦鼎一朝举"，这更足以看出王氏的自负和对于内藤评价的分寸。西京学派就这样在王国维的影响下，他们才脱出了宋、明旧汉学的窠臼而逐渐地知道了对于清代朴学的尊重。对于中国学问的研究上，日本的学术界可以说是落后了三百年，但他们在短期间之内却也把那三百年的落后填补起来了。

我跑东洋文库，顶勤快的就只有开始的一两个月。就在这一两个月之内，我读完了库中所藏的一切甲骨文字和金文的著作，也读完了王国维的《观堂集林》。我对于中国古代的认识算得到了一个比较可以自信的把握了。在这些书籍之外，我连带的还读到其他的东西，我读过安德生的在甘肃、河南等地的彩陶遗迹的报告，也读到北平地质研究所的关于北京人的报告。凡是关于中国境内的考古学上的发现记载，我差不多都读了。因此关于考古学这一门学问，我也广泛地涉猎了一些。这些努力便使我写成了《卜辞中之古代社会》的那一篇，文章的末尾虽然写着"一九二九年九月二十日脱稿"，但大体上在一九二八年的十月，已经基本完成。只是我的社会研究逐渐移向到文化研究的阶段上去了。我在甲骨文中发现了"岁"字的存在，由此而有天文学上的研究，得以知道十二支文字本是黄道周天十二宫的星象，而它的起源却是巴比伦。这些研究主要便汇成了我那《释支干》和《释岁》的几篇，那是收在《甲骨文字研究》里面的。我在完成这些研究上差不多费了一年工夫。国内有不少的朋友曾经帮助过我，特别是李一氓（就是李民治），他替我把所需要的书，陆续地收集，购寄，使我跑东京的时间也就省下了。

## 四

朋友们或许会发生疑问吧？我亡命到日本后，把全部精力完全沉浸于这些古代文物的研究里；我是拖着一家六口的人，我怎么会有这样的余裕来做这样冷僻的工作？请记起吧，这就是我应该感谢朋友的地方，特别是创造社的那一批朋友。

他们每月在送生活费来，我省却后顾的忧虑，因而便得以集中全力来解决我自己所想解决的问题。假使没有创造社，没有朋友，我那些工作是绝对做不出来的。古时候的人也知道朋友的宝贵，列之为五伦之一；而在我，朋友这一伦更有它的超越的宝贵了！朋友不仅给予了我以物质的支持，而且给予了我以精神的成长。

但是自成立以来便在风雨飘摇中的创造社，终于在一九二九年二月七日，便是我流亡日本后一周年光景，被封锁了。在国内的朋友们的处境比我更加困难了，我的每个月一百元的生活费，从此也就断绝了。

怎么办呢？一家人饿死在日本吗？

不，我们倒也还不是那么毫无独立自主性的可怜虫！安娜处家是俭约的，到了日本后，家政一直是她自己在操持，炊爨洒扫，洗衣浆裳，乃至对外的应付，一切都全靠着她。那时儿女还小，用费也不十分大，因此在每月百元之内，总有一些积余，这便解决了我们所间接受到的突然来的打击。但我对于古代的研究不能再专搞下去了。在研究之外，我总得顾计生活。于是我便把我的力量又移到了别种文字的写作和翻译。我写了《我的幼年》和《反正前后》，我翻译了辛克莱的《石炭王》《屠场》，稍后的《煤油》，以及弥海里斯的《美术考古学发现史》。而这些书都靠着国内的朋友，主要也就是一氓，替我奔走，介绍，把它们推销掉了。那收入倒是相当可观的，平均起来，我比创造社存在时所得，每月差不多要增加一倍。这样也就把饿死的威胁免掉了。

我开始在国内重新发表文章时还不敢用本名。朋友们想来还记得吧？我的关于《易》《诗》《书》的那两篇研究，最初发表在《东方杂志》上，用的是"杜衎"的假名。《石炭王》《屠场》《煤油》，用的是"易坎人"。这些假名的用意是这样的。我的母亲姓杜，而我母亲的性格是衎直的，我为纪念我的母亲，故假名为杜衎。我自己是一个重听者，在斑疹伤寒痊愈之后，虽然静养了一年，而听觉始终只恢复到半聋以下的程度。《易经》上的坎卦，其"于人也为聋"，故我这个聋子便取名为易坎人。据懂侦探术者说：一个人取假名，总是和自己的真名有点连带的；但我敢于说，无论怎样高明的侦探，看到这"杜衎"和"易坎人"便知道是郭沫若，我相信是绝对不会有的吧。

但后来我的本名又渐渐被人使用了。是的，在这一点上，我的确是被动。那是因为时间经久了，我并没有从事实际上的任何活动，而我所写的东西，不是文艺作品便是历史研究，乃至如甲骨文、钟鼎文那样完全古董性质的东西，再说郭沫若三个字的商品价值究竟要高一点，因此郭沫若又才渐渐被人使用起来了。

当我把《卜辞中的古代社会》写好之后，我便起了一个心，想把那些关于古代文物的研究，汇集成为一部书。于是我又赶着写了一篇《周金中的社会史观》，便集成了一部《中国古代社会研究》。这书便是由出版者用我的本名发表的了，于是一时成为哑谜的杜衎又才出现了原形。

我也翻译了马克思的《政治经济学批判》和《德意志意识形态》，两部书都经由王礼锡的接受，由神州国光社出版。前一书出版时把我写的一篇序言丢掉了，后一书一直被积压着，是在抗战期中才出版了的。但前书的出版，也公然用的是我的本名。这书曾经遭过禁止，坊间后来把封面改换发行，译者是作为李季。这种本子我相信，留在世间的一定不很少。

关于《甲骨文字研究》的出版是费了一些周折的。我从一九二八年的年底开始写作，费了将近一年工夫，勉强把初稿写成之后，我曾经邮寄北平，向燕京大学的教授容庚求教。我和容庚并无一面之识，还是因为读了王国维的书才知道了他的存在。王国维为商承祚的《殷墟文字类编》作序，他提到四位治古文字学的年青学者，一位是唐兰，一位是容庚，一位是柯昌济，一位是商承祚。我因为敬仰王国维，所以也重视他所称许的这四位年青学者。商承祚的《殷墟文字类编》我是读过的，他是把《殷墟书契考释》关于文字的一部分稍稍扩大了，而根据说文部首重新编制的，虽然并没有多么大的发明。但商的住址我是不知道的。唐、柯二位，不仅住址不知道，连著作也还不曾见过。容庚，我见过他的《金文编》，那也是依说文部首编制的金文字典，比起吴大澂的《说文古籀补》来更加详审，在研究金文上，确曾给予我以很大的帮助。它不失为一部有用的工具书。容庚在燕京大学任教职，而且是《燕京学报》的主编者，由每期的学报是容易发现的。因此，我对于容庚，不仅见过他的著作，而且知道他的住址了。我就以仿佛年轻人那样的憧憬，也仿佛王国维还活着的那样，对于王国维所称许的四学士之一，谨致我的悃忱，而以我的原稿向他求教。我得感谢容庚在资料上也曾经帮过我一些忙，他曾经把很可宝贵的《殷墟书契前编》和董作宾的《新获卜辞写本》寄给我使用过。但他在学问研究上却没有使我得到我所渴望着的那样满足。这些情形，我曾经写在《甲骨文字研究附录》《一年以后之自跋》里面，那是"一九三〇年八月十日"写的文字了。但在那里面也有不曾写进去的一些经过。

原稿寄给容庚后，他自己看了，也给过其他的人看。有一次他写信来，说傅孟真（斯年）希望把我的书在《集刊》上分期发表，发表完毕后再由研究院出单行本。发表费千字五元，单行本抽版税百分之十五。这本是很看得起我，这样的条件在当时也可算是相当公平，但我由于自己的洁癖，铁面拒绝了。我因为研究院是官办的，我便回了一封信去，说："耻不食周粟。"

我一面拒绝了别人的好意，一面却在上海方面找寻出版的机会。我曾经托过友人向商务印书馆交涉，就在这儿我的傲慢却得到了惩罚。商务的负责人连我的原稿都不想看也铁面拒绝了。在商务印书馆的人们要拒绝，当然有他们的充分的理由。像研究甲骨文字那样的书，首先就不能赚钱，而研究者又是我，在他们当时或许会以为我是在发疯吧。因此也就无须乎客气，还要来看我的什么原稿。

但我的原稿在北平方面曾经看过的人确是很多，有人告诉我，他在钱玄同的书桌上也看见过它。出门太久了，我怀念起来，几次写信去要回，都没有达到目的，弄得我自己都有点后悔了。但足足又经过了一年工夫，终竟寄回到我的手里，而原稿的白纸边沿都快要翻成黑纸了。幸好是用日本半纸写的，纸质坚韧不容易磨灭。

《甲骨文字研究》的原稿在北平旅行的期中，我又写成了《殷周青铜器铭文研究》上下两册。这次我不敢再寄回国了；然而我却又起了一次野心，我把我的两部原稿曾拿去找过东洋文库的主任石田干之助。我看到文库也在出版学术编著，又看到日本学界也每每用汉文出书，我真是不揣冒昧，竟想把我的论著也拿去尝试。我是在这样想，我的研究是在文库发轫的，我很感谢这一段因缘，假使我的书可以由文库印行，那也就可以表示我的谢意了。报酬多少是在所不计的。石田是长于外交的人，他没有立地拒绝我，要我把稿子留下，让他请一两位专家看看，我自然也就留下了。然而我是明白的，在日本方面究竟有谁是这种古文字学研究的专家呢？

一个月过了，我再去向石田请教。他把原稿退还了我。他说："太难懂了，在日本方面恐怕没有办法出书。"这或许是真情话，他是不是在笑我，我不知道，我自己对着自己倒是在笑了：真是太不知自爱！官立机关要出版，你能说"耻不食周粟"，今天却要来向着外国资本家的账房乞怜，岂不是自讨没趣？

但这两部书的出版虽然经过一些周折，仍然应该感谢一氓，是他向上海大东书局为我交涉办成功了。交涉的经过情形我不知道，当时李幼椿在担任大东的总编辑，或许是他念到同乡的关系，承受了下来的吧？那时《中国古代社会研究》已经出版，对于这两部书的印行，想必也有着催生的作用。《中国古代社会研究》出版于一九三〇年的年底，出书之后大受欢迎，很快便再版、三版了。这书似乎保证了甲骨文和金文的研究也并不是不可能赚钱，同时也似乎保证了郭沫若也要研究甲骨文和金文并不是真正在发疯了。事情终竟是值得感谢的，大东竟肯承印这两部书，而且同时承印。他们在报纸上大登广告，征求预约。那广告之大在当时曾突破纪录，这可替我发泄了不少的精神上的郁积，我很高兴。

并不是因为这样使我大出了一次风头，不，我不是那样的风头主义者。老实说，有时候我自己看见这郭沫若三个字都有点讨厌。但我看见那大规模的广告实在很高兴！那替我在这样作吼：本国的市侩和日本帝国主义者的文化前卫们，你们请看，你们所不要的东西，依然是有人要的！

两部书是一九三一年的初头出版的，书局方面每一种送了我二十部。我在一天清早，日期不记得了，接到这些书的时候是多么的愉快呀！我可流下了眼泪。就在那天中午，安娜特别煮了红豆饭来庆祝，我是记得的。但就在那天下午三点钟的时候，宪兵也来了。宪兵老爷说："听说有大批的东西送到了，是什么宝贝呀？"我知道，他大约以为是宣传品吧，他当然是为了调查这宣传品而来的了。安娜把堆在走廊上还没有开封的一部分包裹指给他看；是呀，是很好的"宝贝"呀，无价之宝！索性当面开了两封，比较小的包裹是《甲骨文字研究》，比较大的是《殷周青铜器铭文研究》。

这些书本来是准备给作者送人的，但我送给谁呢？尤其在这日本！

书到的当天晚上，我每种留了两部下来，把其余的用一张大包袱包裹着。我和我的大儿子两个人把它扛到电车站上去，一同坐电车带到了东京。接着在文求堂里面便出现了我们。文求堂老板很客气，打了一个七折，当下便给了现钱。

那时候我的大儿子和夫是已经十四岁了。

1947 年，上海

# 历史·史剧·现实

一

我是喜欢研究历史的人，我也喜欢用历史的题材来写剧本或者小说。这两项活动，据我自己的经验，并不完全一致。

历史的研究是力求其真实而不怕伤乎零碎，愈零碎才愈逼近真实。史剧的创作是注重在构成而务求其完整，愈完整才愈算得是构成。

说得滑稽一点的话，历史研究是"实事求是"，史剧创作是"失事求似"。

史学家是发掘历史的精神，史剧家是发展历史的精神。

史学家是凸面镜，汇集无数的光线，凝结起来，制造一个实的焦点。史剧家是凹面镜，汇集无数的光线，扩展出去，制造一个虚的焦点。

史有佚文，史学家只能够找，找不到也就只好存疑。史有佚文，史剧家却需要造，造不好那就等于多事。

古人的心理，史书多缺而不传，在这史学家搁笔的地方，便须得史剧家来发展。

历史并非绝对真实，实多舞文弄墨，颠倒是非，在这史学家只能纠正的地方，史剧家还须得还它一个真面目。

史学家和史剧家的任务毕竟不同，这是科学与艺术之别。

## 二

自然，史剧既以历史为题材，也不能完全违背历史的事实。

大抵在大节目上，非有正确的研究，不能把既成的史案推翻。但因有正确的研究而要推翻重要的史案，却是一个史剧创作的主要动机。

故而，创作之前必须有研究，史剧家对于所处理的题材范围内，必须是研究的权威。

关于人物的性格、心理、习惯、时代的风俗、制度、精神，总要尽可能地收集材料，务求其无懈可击。

优秀的史剧家必须得是优秀的史学家，反过来说，便不必正确。

## 三

然而有好些史学专家或非专家，对于史剧的创作每每不大了解，甚至连有些戏剧专家或非戏剧专家，也有些似是而非的妙论。

他们以为史剧第一要不违背史实，但他们却没有更进一步去追求：所谓史实究竟是不是真实。

对于史剧的批评，应该在那剧本的范围内，问它是不是完整。全剧的结构、人物的刻画、事件的进展、文辞的锤炼，是不是构成了一个天地。

假使它是对于历史的翻案，那就要看它翻案的理由，你不能一开口便咬定它不合乎史实。

譬如我们写杨秀清，作为叛逆见于清人纪录或稗官野史上的是一回事，作为革命家在他的本质上又另外是一回事。在这儿便可以写成两个面貌。

你如看见有人把他作为革命家在描写，你却不能说这就是违背史实。

或者你看见两个人写杨秀清，一个把他写成坏人，一个把他写成好人，你便以为"不妥"。

先要看作家是怎样在写，写得怎样，再说自己的意见：得该怎样写，写得该怎样。

写成坏也好，写成好也好，先要看在这个剧本里面究竟写得好不好。

应该写成好还是坏，你再要拿出正见来，然后才能下出一个"不妥"。

批评家应该是公平的审判官，不是刽子手呀！


写历史剧就老老实实地写历史，不要去创造历史，不要随自己的意欲去支使古人。


这样根本的外行话，最好是少施教训为妙。

究竟还是亚里士多德不可及，他在两千多年前说过的话比现代的说教者们高明得无算：


诗人的任务不在叙述实在的事件，而在叙述可能的——依据真实性、必然性可能发生的事件。史家和诗家不同！

史剧家在创造剧本，并没有创造"历史"，谁要你把它当成历史呢？

## 四

史剧这个名称，也只是一个通俗的说法。认真说凡是世间上的事无一非史，因而所有的戏剧也无一非史剧。"现在"，究竟在那儿？

刚动一念，刚写一字，已经成了过去。

然而有好些专家或非专家却爱把史剧和现实对立，写史剧的便被斥责为"逃避现实"或"不敢正视现实"。

"现实"这个字我们用得似乎太随便了一点。现在的事实固可以称为现实，表现的真实性也正是现实。我们现在所称道的"现实主义"无疑是指后者。

假使写作品非写现成事实不可，那么中国的几大部小说《水浒》《西游》《三国》等等都应该丢进茅坑，《元曲》全部该烧，但丁、莎士比亚、歌德、托尔斯泰都不会写。

大家都在称赞托尔斯泰的《战争与和平》，说是现实现实，但人们却忘记了他所写的是拿破仑侵略俄罗斯的"历史"。

请不要只是把脚后跟当成前脑。

## 五

史剧的用语有一个时期也成过问题。

有的人说应该用绝对的历史语言，这简直是有点滑稽。

谁能懂得绝对的历史语言？绝对的历史语言又从什么地方去找？

我们现代的言语在几百、千年后一部分倒是可以流传下去的，因为我们已经有录音的工具。但几百、千年前的言语呢？不要说几百、千年，就是几十、百年前也就无法恢复。

但史剧用语多少也有限制，这和任何戏剧用语都有限制是一样。

根干是现代语，不然便不能成为话剧。但是现代的新名词和语汇，则绝对不能使用。

在现代人能懂得的范围内，应该要挽进一些古语或文言，这也和写现代剧要在能懂的范围内使用一些俗语或地方语一样。不同的只是前者在表示时代性，后者在表示社会性或地方性。

写外国题材的剧或翻译，不曾听见人说过剧中人非得使用外国语不可，而写历史剧须得用历史语，真是不可思议的一种奇谈。

1942 年 4 月 19 日

# 课本里的作家

| 序号 | 作家 | 作品 | 年级 |
|------|------|------|------|
| 1 | 金 波 | 金波经典美文：第一辑 树与喜鹊 | 一年级 |
| 2 | 金 波 | 金波经典美文：第二辑 阳光 | |
| 3 | 金 波 | 金波经典美文：第三辑 雨点儿 | |
| 4 | 夏辇生 | 雷宝宝敲天鼓 | |
| 5 | 夏辇生 | 妈妈，我爱您 | |
| 6 | 叶圣陶 | 小小的船 | |
| 7 | 张秋生 | 来自大自然的歌 | |
| 8 | 薛卫民 | 有鸟窝的树 | |
| 9 | 樊发稼 | 说话 | |
| 10 | 圣 野 | 太阳公公，你早！ | |
| 11 | 程宏明 | 比尾巴 | |
| 12 | 柯 岩 | 春天的消息 | |
| 13 | 窦 植 | 香水姑娘 | |
| 14 | 胡木仁 | 会走的鸟窝 | |
| 15 | 胡木仁 | 小鸟的家 | |
| 16 | 胡木仁 | 绿色娃娃 | |
| 17 | 金 波 | 金波经典童话：沙滩上的童话 | 二年级 |
| 18 | 金 波 | 金波经典美文：一起长大的玩具 | |
| 19 | 高洪波 | 高洪波诗歌：彩色的梦 | |
| 20 | 冰 波 | 孤独的小螃蟹 | |
| 21 | 冰 波 | 企鹅寄冰·大象的耳朵 | |
| 22 | 张秋生 | 妈妈睡了·称赞 | |
| 23 | 孙幼军 | 小柳树和小枣树 | |
| 24 | 吴 然 | 吴然精选集：五彩路 | 三年级 |
| 25 | 叶圣陶 | 荷花·爬山虎的脚 | |
| 26 | 张秋生 | 铺满金色巴掌的水泥道 | |
| 27 | 王一梅 | 书本里的蚂蚁 | |
| 28 | 张继楼 | 童年七彩水墨画 | |

| 序 号 | 作 家 | 作 品 | 年 级 |
|---|---|---|---|
| 29 | 张之路 | 影子 | 三年级 |
| 30 | 曹文轩 | 曹文轩经典小说：芦花鞋 | 四年级 |
| 31 | 高洪波 | 高洪波精选集：陀螺 | |
| 32 | 吴 然 | 吴然精选集：珍珠雨 | |
| 33 | 叶君健 | 海的女儿 | |
| 34 | 茅 盾 | 天窗 | |
| 35 | 梁晓声 | 慈母情深 | 五年级 |
| 36 | 陈慧瑛 | 美丽的足迹 | |
| 37 | 丰子恺 | 沙坪小屋的鹅 | |
| 38 | 郭沫若 | 向着乐园前进 | |
| 39 | 叶文玲 | 我的"长生果" | |
| 40 | 金 波 | 金波诗歌：我们去看海 | 六年级 |
| 41 | 肖复兴 | 肖复兴精选集：阳光的两种用法 | |
| 42 | 臧克家 | 有的人——臧克家诗歌精粹 | |
| 43 | 梁 衡 | 遥远的美丽 | |
| 44 | 臧克家 | 说和做——臧克家散文精粹 | 七年级 |
| 45 | 郭沫若 | 煤中炉·太阳礼赞 | |
| 46 | 贺敬之 | 回延安 | 八年级 |
| 47 | 刘成章 | 刘成章散文集：安塞腰鼓 | |
| 48 | 叶圣陶 | 苏州园林 | |
| 49 | 茅 盾 | 白杨礼赞 | |
| 50 | 严文井 | 永久的生命 | |
| 51 | 吴伯箫 | 吴伯箫散文选：记一辆纺车 | |
| 52 | 梁 衡 | 母亲石 | |
| 53 | 汪曾祺 | 昆明的雨 | |
| 54 | 曹文轩 | 曹文轩经典小说：孤独之旅 | 九年级 |
| 55 | 艾 青 | 我爱这土地 | |
| 56 | 卞之琳 | 断章 | |
| 57 | 梁实秋 | 记梁任公先生的一次演讲 | 高中 |
| 58 | 艾 青 | 大堰河——我的保姆 | |
| 59 | 郭沫若 | 立在地球边上放号 | |